MCT 标准教程　二级

总 策 划：马箭飞　胡志平

总 监 制：宋永波

策　　划：何　薇　胡自远

监　　制：邵亦鹏　李佩泽

总 主 编：骆　琳　李　骢　李亚男

主　　编：刘婷雁

副 主 编：刘亚斐　林　艳　王林曦　张俊榕　白冰冰

参编人员（按音序排列）：

白冰冰　黄　蕾　李佩泽　李群锋　李亚男　林　艳

刘婷雁　刘小龙　刘亚斐　王林曦　王亚男　王之岭

于　艳　张俊榕

CENTER FOR LANGUAGE
EDUCATION AND COOPERATION
中外语言交流合作中心

医学中文水平考试系列教材

MCT
标准教程

总主编　骆　琳　李　骢　李亚男

主　编　刘婷雁
副主编　刘亚斐　林　艳　王林曦
　　　　张俊榕　白冰冰

二级・上

北京语言大学出版社
BEIJING LANGUAGE AND CULTURE
UNIVERSITY PRESS

图书在版编目（CIP）数据

MCT 标准教程. 二级. 上 / 骆琳，李骢，李亚男总主编；刘婷雁主编；刘亚斐等副主编. --北京：北京语言大学出版社，2023.8

ISBN 978-7-5619-6321-0

I. ①M… II. ①骆… ②李… ③李… ④刘… ⑤刘… III. ①汉语－对外汉语教学－水平考试－教材 IV. ①H195.4

中国国家版本馆 CIP 数据核字 (2023) 第 147811 号

MCT 标准教程　二级 · 上

MCT BIAOZHUN JIAOCHENG　ER JI · SHANG

版式设计：邱　彬
排版制作：北京青侣文化创意设计有限公司
部分图片供稿：视觉中国　　部分图片绘制：黄　莉
责任印制：周　燚

出版发行：北京语言大学出版社
社　　址：北京市海淀区学院路 15 号，100083
网　　址：www.blcup.com
电子信箱：service@blcup.com
电　　话：编辑部　8610-82303647/3592/3395
国内发行　8610-82303650/3591/3648
海外发行　8610-82303365/3080/3668
北语书店　8610-82303653
网购咨询　8610-82303908
印　　刷：北京富资园科技发展有限公司

版　　次：2023 年 8 月第 1 版　　印　　次：2023 年 8 月第 1 次印刷
开　　本：889 毫米 × 1194 毫米　1/16　　印　　张：15
字　　数：204 千字
定　　价：89.00 元

PRINTED IN CHINA

编写说明

近年来，我国医学教育事业快速发展，形成了多层次、多规格的医学教育体系，国际认可度不断提升。医学已经成为来华留学最热门、学生人数最多、规模最大的专业之一。为满足医学专业留学生在专业学习和临床实习过程中运用中文进行交际的需求，切实提升来华留学医学教育质量，教育部中外语言交流合作中心和汉考国际联合国内重点医学院校从事医学中文教学的专家学者和一线教师，共同研发了医学中文水平考试（MCT）。2019 年 12 月，MCT 正式开考。2020 年 11 月，《医学汉语水平考试（MCT）大纲》（以下简称《大纲》）正式出版。2021 年 3 月，《国际中文教育中文水平等级标准》（GF 0025—2021）（以下简称《等级标准》）发布，并于 2021 年 7 月 1 日起正式实施。

为提升国际中文教育和中国职业教育的全球适应性，进一步推动我国医学国际教育事业的发展，满足医学中文的教学需求，完善医学中文资源开发，服务医学中文水平测评，我们在深入贯彻“考教结合”“以考促教”“以考促学”理念的基础上，结合医学中文一线教学实际，以《大纲》和《等级标准》为依据，编写了这套《MCT 标准教程》（以下简称《教程》）。

一、教材定位

结合《大纲》要求，对标《等级标准》，《教程》主要面向通用中文水平基本达到 HSK 三级的医学专业来华留学生、在海外使用中文进行医学专业学习的学生，以及使用中文进行临床诊疗的中文非第一语言的医护工作人员等，重点培养学习者在医学 / 医疗场景中，与患者、医护人员等用中文进行交际的能力。

二、编写理念

1. 以医学内容为依托，坚持标准化、数字化原则，融通专业性与通用性

《教程》在编写上，依据《大纲》和《等级标准》进行教学目标设定与教学内容选取。教材内容既契合医学中文教学和临床实践的实际情况，切实做到好教、好学、好用；又充

分运用现代医学各方面的优质资源和现代教育技术，能够满足线上、线下等不同的教学需求，提升实践性与操作性，增强课堂临床医学实践的代入感。教学内容兼顾医学专业表达与通用中文学习，生词选取兼顾医学词汇和通用词汇（《等级标准》三级以上），配以医学常用表达和通用语法［《等级标准》三级（含部分）以上］，让学习者在学习医学词汇和医学表达的同时，适时补充通用词汇和语法。

2. 以学习者为中心，以任务为导向，综合培养听、说、读、写技能

《教程》以任务型教学理念为指引、以临床实践任务为主线设计编排教学内容，将任务与话题、情境、功能、结构相结合，由易到难设置梯度，分级体现，循环复现，螺旋上升。《教程》注重医学情境下的探究型任务活动设计，遵循交际互动、有趣有益的原则，引导学习者主动参与、积极完成医学情境下的中文交际任务，激发学习者的学习主动性，让其在与教师、同伴的交流合作中自主完成知识体系的建构，并在任务活动中综合进行听、说、读、写各项技能训练，培养学习者的综合技能。

3. 注重医德培养，体现育人育才的教学理念

《教程》将医学科技进步、医德医风培养、传统医学发展、健康知识和中国国情介绍等内容融入其中，帮助学习者拓宽医学视野、提升人文素养，并激发其深入了解中国的兴趣。

4. 突出医学中文特点，契合 MCT 理念，实现“考教结合”

《教程》以《大纲》中的“等级标准”为纲，全方位对接 MCT 考试内容、考试形式及等级要求，制定能力培养目标。《教程》基本上覆盖了《大纲》要求的所有话题、任务和医学专业词汇，将《教程》的“教”与《大纲》的“考”逐级匹配，实现“考教结合”，更好地服务于学习者。

三、教材特色

1. 层层递进，逐级匹配

MCT 共分三个等级，根据医学专业词汇的常用程度分级，其中 MCT 一级要求掌握医学专业词汇量为 400 个左右，MCT 二级为 800 个左右，MCT 三级为 1500 个左右，并分别对三个等级要求达到的医学中文能力进行了总体描述和听、说、读、写分项描述。《教程》难度设计与 MCT 等级相匹配，按照语言难度及能力标准层层递进，逐级编写。

《教程》共分一级、二级、三级三个级别，每个级别分上、下 2 册，共 6 册。每册 10 课，共 60 课。每课建议用 6 ～ 8 课时完成，总教学课时数为 360 ～ 480 课时。学习者学完《教程·一级》后可以达到 MCT 一级的水平，学完《教程·二级》后可以达到 MCT 二级的水平，依此类推。

2. 题型丰富，以学适考

《教程》每课均设有主题热身、任务学习（准备、示例、活动）、任务操练（实践、练习）、拓展学习和自我评估五个部分，并在学习全程开展听、说、读、写各项技能训练。听力、阅读、写作练习的题型与 MCT 题型一致，练习内容以当课内容为主，目的是让学习者在平时的学习中逐步熟悉并适应 MCT。

3. 科室齐全，图文并茂

《教程》以《大纲》的“等级标准”为经，以常用医学交际场景、典型病例为纬，每个级别的教材内容均覆盖内科、外科、妇科、儿科四个主干临床学科，同时兼顾眼科、耳鼻喉科、口腔科、皮肤科、传染科等科室。不同级别的内容侧重点不同，一级侧重疾病的症状描述与诊断，二级侧重疾病的诊断与治疗，三级侧重对疾病病理机制的探讨。

以下为《教程》各个级别的内容安排：

分册及课号		《教程·一级》	《教程·二级》	《教程·三级》
上册	第一课	呼吸内科	消化内科	呼吸内科
	第二课	呼吸内科	肾内科	肾内科
	第三课	消化内科	呼吸内科	神经内科
	第四课	内分泌科	神经内科	神经外科
	第五课	骨科	肝胆外科	妇科
	第六课	胃肠外科	甲状腺乳腺外科	产科
	第七课	肝胆外科	骨科	新生儿科
	第八课	妇科	心血管外科	儿科
	第九课	口腔科	生殖科	免疫科
	第十课	眼科	口腔科	大病医保

（续表）

分册及课号		《教程·一级》	《教程·二级》	《教程·三级》
下册	第十一课	心脏内科	神经内科	心脏内科
	第十二课	内分泌科	急诊内科	血液科
	第十三课	神经内科	血液科	皮肤性病科 / 传染科
	第十四课	肾内科	神经外科	消化外科
	第十五课	胸外科	普通外科	耳鼻喉科 / 肿瘤科
	第十六课	神经外科	急诊外科	妇科
	第十七课	传染科	甲状腺乳腺外科	产科
	第十八课	产科	产科	新生儿科
	第十九课	儿科	儿科	儿科
	第二十课	耳鼻喉科	眼科	人文关怀

《教程》课文内容主要涉及医院基本情况和就医流程，常见疾病的症状、体征，常规检查和诊疗操作，课文表述注重语言的规范性与专业性。《教程》结合医学中文教学的特点，将疾病的症状描述、诊疗项目介绍等以图片方式呈现，使教学过程更为生动、直观、形象，可以有效激发学习者的学习兴趣，提高学习效率。

在《教程》的策划和出版过程中，编写组多次讨论，反复修改，力求为广大教师提供教学支持，让学习者快速、高效地习得医学中文。《教程》在编写过程中既有医生团队给予专业指导，也有多位医学中文教学专家进行把关；然而作为一套医学教学专用的中文教材，内容需要尽量覆盖医学全场景和临床全流程，内容专业而庞杂，难免有错漏之处，恳请读者批评指正，以便我们进一步修订完善。

编者

2023 年 1 月

目　录

附录

第一课

您的胸痛很可能是胃食管反流病引起的

主题热身

一、给下列词语选择对应的图片

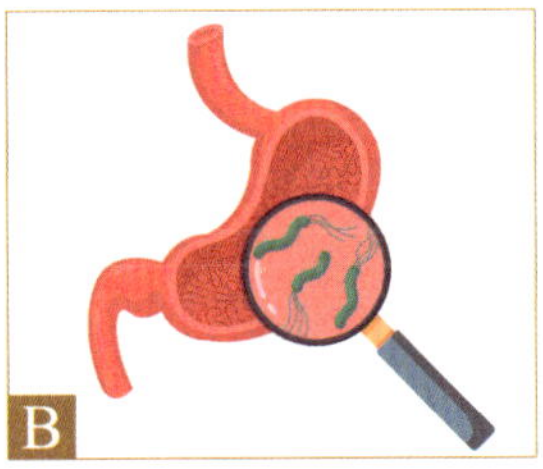

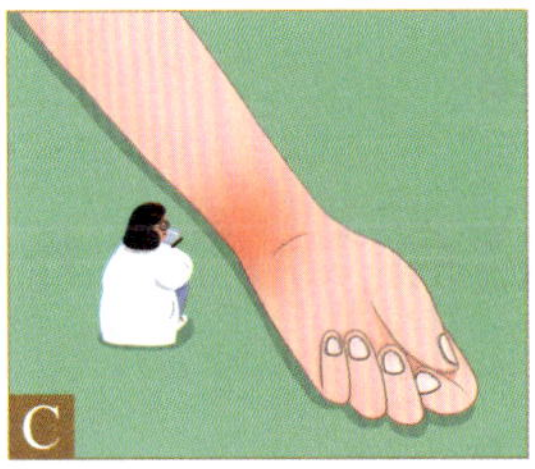

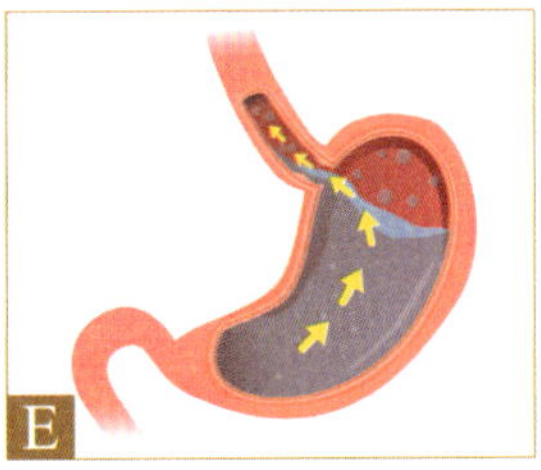

1. 皮试________　　2. 打嗝________　　3. 口臭________

4. 暴饮暴食________　　5. 幽门螺杆菌________　　6. 胃食管反流病__________

二、听对话，选择正确答案

1. 吃完饭，小吴怎么了？

   A. 心梗　　B. 胸口痛　　C. 肚子疼

2. 小吴常常吃什么？

   A. 辛辣的食物　　B. 清淡的食物　　C. 健康的食物

3. 最近，小吴常常出现下列哪个症状？

   A. 打嗝　　B. 拉肚子　　C. 睡不着

扫描二维码，获取听力音频

任务学习

任务一　胃食管反流病患者的问诊

任务描述：患者因胸闷、胸痛到心内科就诊。检查后发现心脏无异常，心内科建议患者到消化内科就诊。消化内科医生对患者进行问诊。

准备

语言点 1　可能补语的否定形式：动词 + 不 + 趋向补语

读一读

读句子，选择与句子意思一致的一项

有时候工作忙，顾不上吃饭。

A. 有时候工作忙，吃不下饭

B. 有时候工作忙，找不到地方吃饭

C. 有时候工作忙，没时间吃饭

学一学

"动词 + 不 + 趋向补语"是可能补语的一种否定形式，一般表示"主观条件（能力、力气等）或客观条件不允许实现（某种结果）"，其肯定形式为"动词 + 得 + 趋向补语"。例如，"顾不上"表示"没有办法或没有时间注意到、照顾到"。

例句

（1）他迷上了电子游戏，根本顾不上学习。

（2）听到有人喊救命，他顾不上脱衣服就跳下河救人了。

（3）我今天太忙了，一上午水都顾不上喝一口。

练一练

用“顾不上”完成句子

（1）他________________________，一直忙着照顾身边的病人。

（2）最近，她一直在医院加班，________________________。

（3）听说妻子马上要生了，他________________________。

语言点 2　趋向补语表示结果意义：动词 + 出……

读一读

读句子，选择与句子意思一致的一项

我还以为是我熬夜熬出了心脏病呢。

A. 我还以为因为熬夜我的心脏病加重了呢

B. 我还以为我因为熬夜得了心脏病呢

C. 我还以为得了心脏病不能熬夜呢

学一学

“动词 + 出 + 疾病名”表示因为某种行为导致出现某种疾病。其中，“出”为趋向补语，在此处具有结果意义；“动词”一般为单音节动词。

例句

（1）你天天喝饮料，小心喝出糖尿病！

（2）你的跑步姿势不正确，这么跑会跑出“跑步膝”。

（3）你这么暴饮暴食，可别吃出胰腺炎。

练一练

用“动词 + 出”填空

（1）医生说你不能再喝酒了，再喝就要__________肝硬化了。

（2）你一天抽两包烟啊！还是少抽点儿，这么抽下去，可要__________肺癌了。

（3）你喜欢吃海鲜也不能吃这么多啊，小心__________什么问题来。

示例

- 科室：消化内科（门诊）
- 患者：吴强（男，35岁）
- 医生：林莹（主任医师）

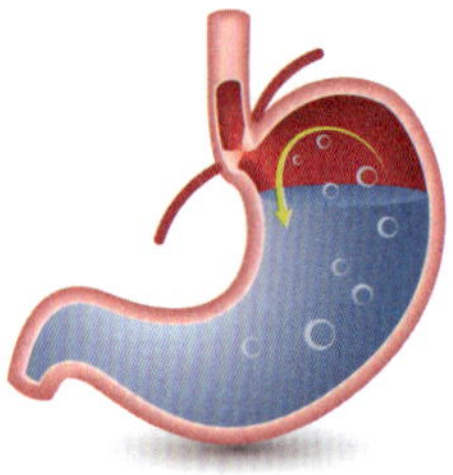
健康的胃

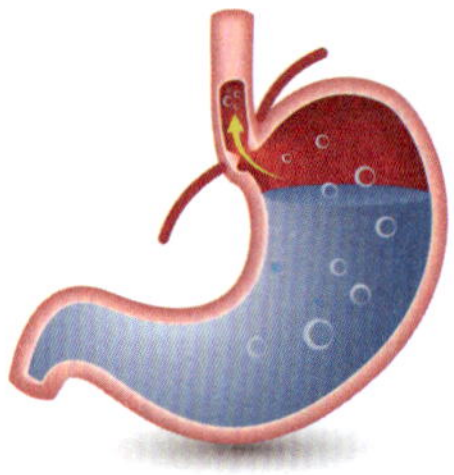
胃食管反流病

扫描二维码，获取
课文和生词音频

吴强：大夫，我这两天总感觉胸闷、胸痛。我以为是心脏的问题，做了心电图、心脏彩超检查，都没发现什么问题。心内科的医生建议我来消化内科看看。

林莹：您的检查报告带来了吗？先给我看看。

吴强：带来了，给您。

林莹：您一般什么时候会胸闷、胸痛呢？

吴强：一般在吃饱饭后感觉比较明显。

林莹：除了胸闷、胸痛以外，还有哪儿不舒服吗？

吴强：有时候工作忙，顾不上吃饭。饿的时候就感觉肚子闷闷的，不舒服。另外，最近我老婆总说我口臭。

林莹：有没有反酸、嗳气什么的？

吴强："嗳气"是什么意思啊？

林莹："嗳气"就是打嗝。

吴强：哦，那有。吃完饭总觉得胀气，老是打嗝。有时候也会反酸，觉得嘴里苦苦的。

生词

1. 老婆 lǎopo *n.* wife
2. 口臭 kǒuchòu *adj.* bad breath
3. 打嗝 dǎgé *v.* to have a hiccup
4. 哦 ò *int.* *used to indicate understanding/realization*
5. 胀气 zhàngqì *v.* to bloat
6. 苦 kǔ *adj.* bitter

林莹：根据您说的症状，您的胸痛很可能是胃食管反流病引起的。不过，还得做个内镜检查才能确诊。我先帮您预约个胃镜吧。

吴强：要做胃镜啊？我听说做胃镜很痛苦，一定要做吗？

林莹：不用担心，现在可以做无痛胃镜。

吴强：好的，那我要做无痛的。还真是胃出毛病了啊！大夫，这胃病怎么会引起胸痛呢？

林莹：简单地说，胃食管反流病就是胃酸和胃里的东西反流到了食管。食管受到刺激后，会引起烧心、反酸等症状。烧心就是胸骨后有烧灼感或疼痛感。有时疼痛会放射到心前区，类似心绞痛，所以您以为是心脏出了问题。

吴强：是这样啊！我还以为是我熬夜熬出了心脏病呢。

林莹：虽然不是心脏的问题，但您还是要尽量早睡，保持规律的作息和饮食习惯才行。长期熬夜、饥饿、

7 胃食管反流病 wèishíguǎn fǎnliúbìng *n.* gastroesophageal reflux disease

8 内镜 nèijìng *n.* endoscope

9 预约 yùyuē *v.* to make an appointment

10 痛苦 tòngkǔ *adj.* painful

11 无痛 wútòng *adj.* painless

12 出毛病 chū máobìng to go wrong

13 烧心 shāoxīn *v.* to have heartburn

14 烧灼感 shāozhuógǎn *n.* burning sensation

15 心前区 xīnqiánqū *n.* precordium

暴饮暴食这些不良习惯，都会影响您的胃肠道健康。

吴强：好的，我一定注意！那我现在可以先吃点儿胃药吗？

林莹：我先给您开一些保护胃黏膜、促进胃肠动力、抑制胃酸分泌的药物，缓解症状。胃镜结果出来了，您再来找我。另外，您有没有查过幽门螺杆菌？

吴强：没有啊。

林莹：您现在出现的这些症状也可能与感染幽门螺杆菌有关，我再给您开个 ^{13}C（碳-13）呼气试验检查。

吴强：好的，那我就都做一下儿吧。

⑯ 暴饮暴食 bàoyǐn-bàoshí to eat and drink excessively

⑰ 胃肠道 wèichángdào *n.* gastrointestinal tract

⑱ 胃肠动力 wèicháng dònglì *n.* gastrointestinal motility

⑲ ^{13}C 呼气试验 tàn-shísān hūqì shìyàn *n.* ^{13}C-urea breath test (UBT)

Note:

^{13}C 呼气试验

扫描二维码，获取注释内容

活动

答一答

（1）患者为什么做心电图、心脏彩超检查？

（2）患者出现了哪些症状？

（3）医生给患者开了什么药？

（4）患者还要做哪些检查？

说一说

小组讨论：胃食管反流病可能出现下列哪些症状？请在对应症状前的“□”里画“√”。如果你们认为还可能出现其他症状，请写在下面。

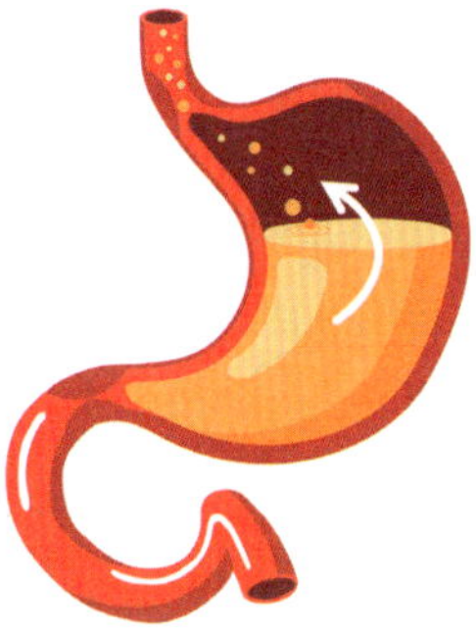

□ 反酸

□ 嗳气

□ 烧心

□ 呕吐

□ 上腹不适

□ 吞咽困难

□ 腹胀

□ 腹泻

□ 口臭

其他症状：____

读一读

读报告单，选择正确答案

^{13}C 呼气试验检测报告单

姓名：吴强　　　　性别：男　　　　年龄：35 岁

申请科室：消化内科　　　　检查时间：×× 年 ×× 月 ×× 日

设备型号：HCBT-01

DOB 值：

基础值：0.0

30 分钟：17.0

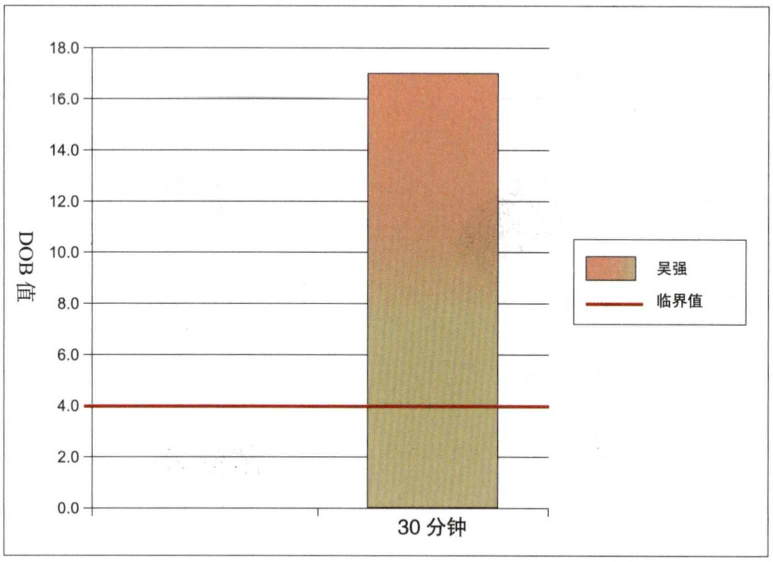

阳性参考值：

30 分钟的 DOB 值：≥ 4.0　　Hp 阳性

< 4.0　　正常

检测结果：　DOB 值 = 17.0　　阳性 +

温馨提示：请妥善保管好检测报告，并于复诊时携带。

检测医生：李小英

（1）这个检查主要是测什么的？

A. 肺功能　　B. 幽门螺杆菌　　C. 癌细胞

（2）30 分钟的 DOB 值为下列哪项时，检查结果为 Hp 阴性？

A. 1.0　　B. 4.0　　C. 8.0

任务二　胃食管反流病患者的复诊

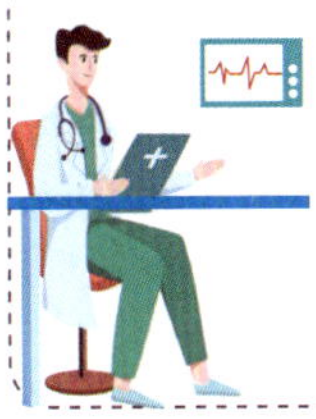

任务描述： 胃镜检查和 ^{13}C 呼气试验结果出来后，患者到消化内科复诊。消化内科医生为患者说明检查结果，并介绍治疗方案。

准备

语言点　语气副词：怪不得

读一读

读句子，判断意思理解是否正确

怪不得我总是胀气、打嗝呢！

“我”一直不明白自己胀气、打嗝的原因。（　　）

学一学

“怪不得”一般用在句首或复句分句的句首，表示明白了原因，对发生的事不再觉得奇怪，前后常有表明原因的语句。

例句

（1）怪不得小兰那么高兴，原来她考上大学了。

（2）李大夫特别认真，也很有耐心，怪不得那么多病人找他看病。

（3）原来是感染了幽门螺杆菌，怪不得我最近胃总是不舒服。

练一练

用“怪不得”完成句子

（1）他昨天晚上喝多了，____。

（2）王大夫早上有个紧急手术，____。

（3）____，原来他打过疫苗了。

示例

- 科室：消化内科（门诊）
- 患者：吴强（男，35岁）
- 医生：林莹（主任医师）

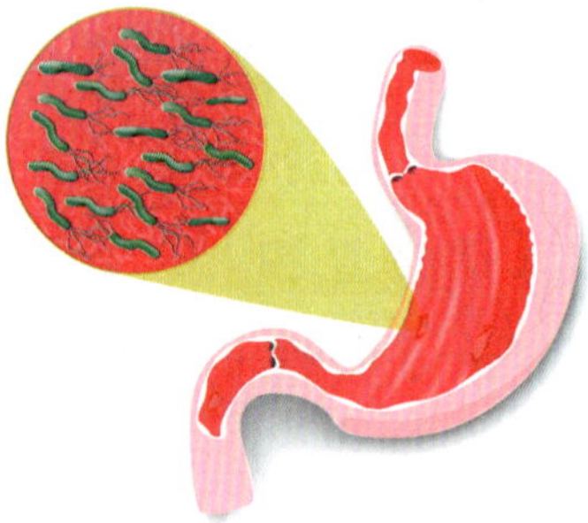

扫描二维码，获取课文和生词音频

吴强：大夫，我的检查结果出来了，幽门螺杆菌阳性。我上网查了查，这个幽门螺杆菌会引起胃癌啊？

林莹：虽然幽门螺杆菌是致癌物，但也不是说感染了幽门螺杆菌就一定会得胃癌。您的胃镜报告出来了吗？

吴强：哦，出来了。给您。

林莹：根据您的症状和胃镜检查结果，可以确诊您是胃食管反流病。不过，胃镜显示您还有慢性胃炎。

吴强：啊？慢性胃炎？

林莹：是的。幽门螺杆菌会破坏胃黏膜，引起慢性胃炎。慢性胃炎容易导致胃肠功能紊乱，出现消化不良。消化不了的食物在胃里发酵，就会产生气体，引起腹胀、嗳气

生词

1. 胃癌 wèi'ái *n.* gastric cancer
2. 致癌物 zhì'áiwù *n.* carcinogen
3. 破坏 pòhuài *v.* to destroy
4. 紊乱 wěnluàn *adj.* disorderly
5. 发酵 fājiào *v.* to ferment
6. 气体 qìtǐ *n.* gas

等症状。

吴强： 怪不得我总是胀气、打嗝呢！

林莹： 慢性胃炎一定要及时治疗。您目前只是慢性浅表性胃炎，如果不好好治疗，就可能会发展成慢性萎缩性胃炎。病情继续发展下去，还可能会出现便血、呕血等严重症状，甚至引起胃癌。

吴强： 那我现在应该怎么治疗呢？

林莹： 目前，您的慢性胃炎主要是幽门螺杆菌感染引起的。因此，我们首先要杀灭幽门螺杆菌。您对阿莫西林过敏吗？

吴强： 我做过青霉素皮试，不过敏。

林莹： 好的。我给您开了两种抗生素，这两种抗生素联合治疗可以有效杀灭幽门螺杆菌。上次给您开的抑制胃酸分泌的药，也还要继续吃。幽门螺杆菌很容易产生耐药性，您一定要按时服药。用药结束一个月后，您再来做个 ^{13}C 呼

7 浅表性胃炎 qiǎnbiǎoxìng wèiyán *n.* superficial gastritis

8 萎缩性胃炎 wěisuōxìng wèiyán *n.* atrophic gastritis

9 便血 biànxiě *v.* to suffer from hematochezia

10 呕血 ǒuxuè *v.* to suffer from hematemesis

11 杀灭 shāmiè *v.* to exterminate

12 阿莫西林 āmòxīlín *n.* amoxicillin

13 皮试 píshì *n.* skin (allergy) test

14 联合 liánhé *v.* to unite

15 耐药性 nàiyàoxìng *n.* drug resistance

气试验复查一下儿。另外，幽门螺杆菌是会传染的，建议您家人都去做个筛查。如果感染了，最好全家人一起治疗。

吴强：那在家吃饭的时候，是不是最好分餐？

林莹：是的。如果做不到分餐，也最好使用公勺、公筷。

吴强：好的，谢谢您！

⑯ 筛查 shāichá *v.* to screen

⑰ 分餐 fēncān *v.* to have separate meals

⑱ 公勺 gōngsháo *n.* serving spoon

⑲ 公筷 gōngkuài *n.* serving chopsticks

Note：

1. 慢性胃炎 2. 皮试 3. 耐药性

扫描二维码，获取注释内容

活动

答一答

（1）根据患者的胃镜检查报告，医生可以确诊患者胃部有哪些疾病？

（2）慢性胃炎患者为什么会出现腹胀、嗳气的症状？

（3）患者用药结束多长时间后，要到医院复查幽门螺杆菌？

说一说

（1）**小组讨论：**慢性胃炎不及时治疗可能引起哪些严重的后果？

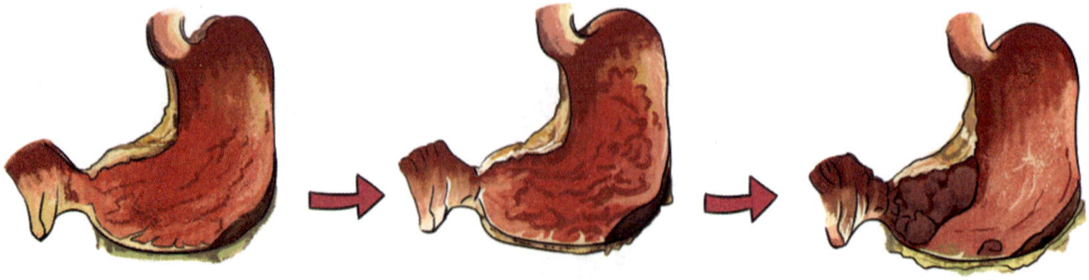

慢性浅表性胃炎 慢性萎缩性胃炎 胃癌

（2）**想一想：**

① 你认为在下列两种场景中所使用的语言应该具有哪些特点？

a. 当你在与患者交流时，你所使用的语言应该是 ＿＿＿＿＿。

b. 当你向上级医生汇报患者病情时，你所使用的语言应该是 ＿＿＿＿＿。

A. 容易理解的　　　　B. 正式的

C. 口语化的　　　　　D. 简洁（jiǎnjié，concise）专业的

② 下列两段话的意思一样吗？分别可能是谁对谁说的？

a. 患者餐后常出现腹胀、嗳气、反酸等症状。

b. 最近吃完饭后，总是感觉肚子很胀，还一直打嗝。偶尔打嗝的时候，会感觉有东西要吐出来，嘴里酸酸的，苦苦的。

（3）**成段表达：**请根据“任务二”的示例内容，向患者说明为什么要根治幽门螺杆菌。

从……来看，您有慢性……。……结果是阳性，说明您感染了……。……会破坏……，引起……。您目前只是……，如果不……，就可能会……。病情……，还可能会……，甚至……。您的……主要是……引起的。因此，我们要先……幽门螺杆菌。

演一演

小组活动：两人一组，根据场景提示，使用下列词语模拟患者与医生的对话。

场景提示：患者因为胃部不舒服到消化内科看病，医生问诊并建议患者做相关检查。

反酸、嗳气、烧心、胀气、胃镜、幽门螺杆菌、胃食管反流病、胃黏膜、胃酸、慢性胃炎、胃癌、分餐

任务操练

实践

幽门螺杆菌的传染性很强。现在，我们都提倡使用公勺、公筷，健康用餐。请查一查幽门螺杆菌的主要传播途径（tújìng，pathway），拍个科普（kēpǔ，popular science）小视频或者写一篇科普小短文，说一说用餐时为什么要使用公勺、公筷。

练习

（一）词语搭配

1. 缓解
2. 促进
3. 分泌
4. 刺激
5. 杀灭

A. 胃黏膜
B. 症状
C. 胃酸
D. 幽门螺杆菌
E. 胃肠动力

（二）选择正确的词语填空

1. 慢性胃炎容易导致胃肠功能（1）________，出现消化（2）________。消化不了的食物在胃里（3）________，产生气体，引起腹胀、嗳气等症状。

（1）A. 降低　　B. 紊乱　　C. 危害　　D. 病变

（2）A. 不够　　B. 不全　　C. 不良　　D. 不足

（3）A. 发酵　　B. 发育　　C. 发病　　D. 发作

2. 有些胃食管反流病患者也会出现胸痛症状。食管受到反流胃内容物的（1）__________，出现疼痛。疼痛会（2）________到心前区，与心绞痛（3）________。

（1）A. 刺激　　B. 影响　　C. 促进　　D. 诱发

（2）A. 转移　　B. 放射　　C. 消失　　D. 转变

（3）A. 好像　　B. 类似　　C. 类型　　D. 似的

3. 幽门螺杆菌感染首先会引起慢性（1）________性胃炎、慢性萎缩性胃炎，严重的甚至会发展（2）________胃癌。据统计，初次感染幽门螺杆菌年龄较早的人群萎缩性胃炎及胃癌的发病（3）________较高。

（1）A. 表现　　B. 表面　　C. 浅表　　D. 代表

（2）A. 成　　B. 到　　C. 在　　D. 及

（3）A. 性　　B. 化　　C. 式　　D. 率

（三）用指定词语或结构完成对话

1. 妻子：呀！你看看这个报告，幽门螺杆菌是不是阳性啊？

丈夫：是阳性啊，____。（怪不得）

2. 患者 1：这个王主任的号是不是特别难挂？

患者 2：是啊，____。（动词 + 不 + 上）

3. 丈夫：你最近怎么这么忙？你看，人都累瘦了，今晚就休息休息吧，别______ ____。（动词 + 出……）

妻子：不行啊，这个报告明天要交。

（四）阅读语段，选择与语段意思一致的一项

1. 胃食管反流病是指胃内容物反流入食管并引起临床表现和病理变化的一种疾病。胃食管反流病患者一般能感觉到胃内容物向咽部或口腔方向反流。胃反流物刺激食管时，可能引起烧心，也就是胸骨后有烧灼感或疼痛感。有时，疼痛可能放射至心前区、后背、肩部等，类似心绞痛。反流和烧心是胃食管反流病的典型症状。

A. 烧心就是胸骨疼痛的感觉

B. 胃食管反流病的典型症状是反流和烧心

C. 胃食管反流病可能引起心绞痛

2. 幽门螺杆菌会导致胃黏膜慢性炎症，是慢性胃炎最常见的病因。90% 以上的慢性胃炎患者都有幽门螺杆菌感染。饮食不规律，暴饮暴食，吃饭过快，食用过烫、过冷或不易消化的食物，长期大量饮酒、抽烟，这些不良的饮食和生活习惯也会导致胃黏膜反复损伤，引起慢性胃炎。此外，精神压力过大也会诱发慢性胃炎。

A. 慢性胃炎患者都有幽门螺杆菌感染

B. 不良的饮食习惯是引起慢性胃炎的最常见病因

C. 慢性胃炎的发病可能与幽门螺杆菌感染、饮食习惯不良、心理压力大有关

（五）写作练习

请根据“任务一”和“任务二”的示例内容，写一份病历摘要。

姓名：吴强　　性别：男　　年龄：35 岁　　就诊科室：消化内科

主诉（zhǔsù，chief complaint）：

现病史（xiànbìngshǐ，history of present illness）：

既往史（jìwǎngshǐ，past medical history）：

体格检查：

辅助（fǔzhù，auxiliary）检查结果：

初步诊断：

治疗意见：

医生签名：

年　月　日

拓展学习

一、词汇

胃部相关词语

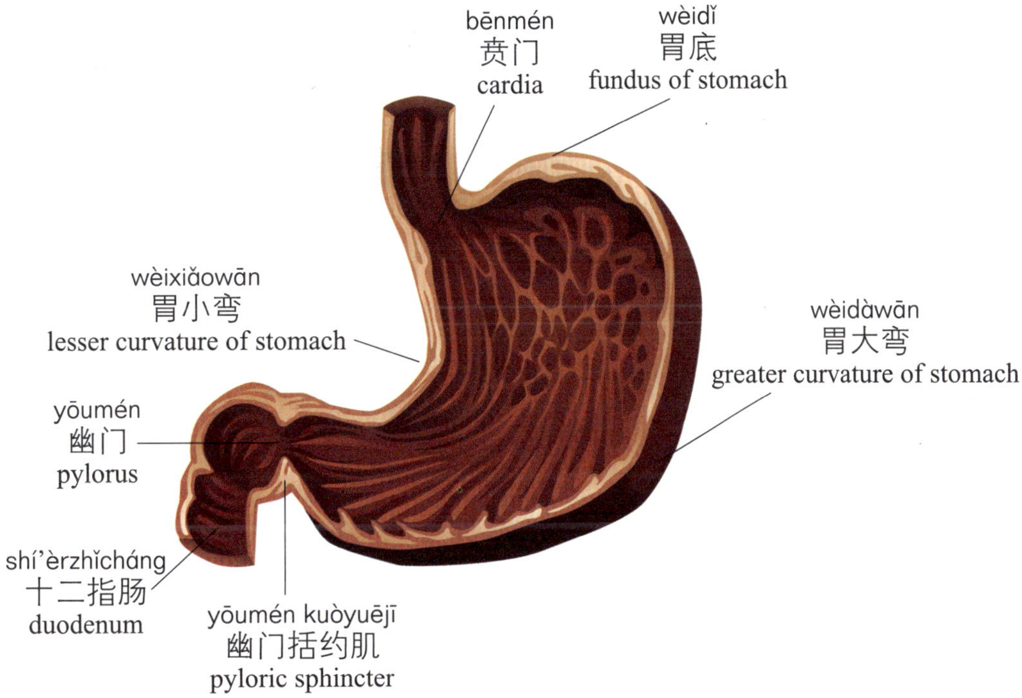

二、阅读

幽门螺杆菌感染怎么办？

据统计，全球半数以上的人都感染过幽门螺杆菌。中国也是一个幽门螺杆菌感染率较高的国家。幽门螺杆菌寄生在人体胃黏膜组织中，传染性极强，主要通过“口—口”途径和“粪—口”途径传播。饭前便后不洗手、食用生食、饮用生水、与感染者共用餐具或亲密接触等都可能引起幽门螺杆菌感染。因为中国家庭一般习惯合餐制，所以往往会出现“一人感染，全家中招”的情况。

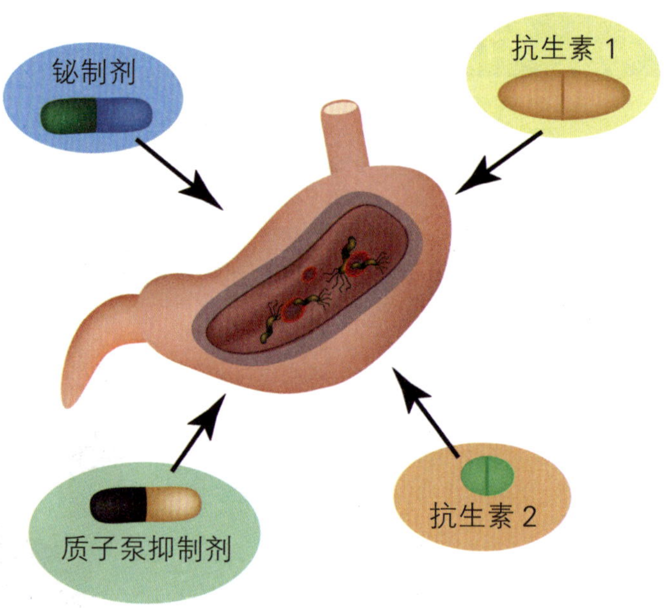

幽门螺杆菌感染会引起慢性胃炎、消化性溃疡、胃黏膜相关淋巴瘤，甚至导致胃癌。但幽门螺杆菌感染后是否致病，会受到感染菌株的类型、感染的阶段，以及个体免疫力、生活环境、家族史等多种因素的影响。因此，体检后发现幽门螺杆菌阳性，如果没有不适症状，可以暂时不治疗，持续观察。但是如果饭后总是感觉上腹部饱胀、不适或疼痛，并伴有如嗳气、腹胀、反酸或食欲减退等不良症状，就需要尽快进行治疗。

目前，幽门螺杆菌根治性治疗方案应用最广泛的是“2 + 1 + 1”四联疗法，即 2 种抗生素 + 1 种质子泵抑制剂（PPI）+ 1 种铋制剂。2 种抗生素联合治疗可以有效对抗幽门螺杆菌，质子泵抑制剂可以抑制胃酸，而铋制剂则可以在增强抗幽门螺杆菌作用的同时保护胃黏膜。四联疗法以 10 ～ 14 天为一个疗程。一般来说，用药一个疗程，幽门螺杆菌根除率可达到 90% 以上。同时，治疗期间要确保按时服药，不漏服少服，服药期间戒烟戒酒。疗程结束后，间隔 4 周以上，通过碳-13 或碳-14 呼气试验复查。如果治疗失败，应间隔 3 个月，待幽门螺杆菌对抗菌药物的敏感性恢复后，再进行治疗。

（一）重要医学词语

1. 淋巴瘤	línbāliú	*n.*	lymphoma
2. 菌株	jūnzhū	*n.*	strain
3. 质子泵抑制剂	zhìzǐbèng yìzhìjì	*n.*	proton pump inhibitor
4. 铋制剂	bìzhìjì	*n.*	bismuth preparation
5. 增强	zēngqiáng	*v.*	to enhance
6. 疗程	liáochéng	*n.*	course of treatment
7. 根除	gēnchú	*v.*	to eradicate
8. 漏服	lòufú	*v.*	to miss a dose
9. 间隔	jiàngé	*v.*	to space (out)

（二）阅读材料，选择正确答案

1. 幽门螺杆菌寄生在人体的什么地方？

A. 胃酸　B. 幽门　C. 胃黏膜组织　D. 十二指肠

2. 幽门螺杆菌的主要传播途径有哪些？

A. 血液传播和体液传播　B. “口—口”传播和“粪—口”传播

C. 性传播和“口—口”传播　D. 空气传播和“粪—口”传播

3. 质子泵抑制剂的主要作用是什么？

A. 保护胃黏膜　B. 杀菌　C. 抑制胃酸分泌　D. 增强胃动力

4. 关于幽门螺杆菌，下列哪项错误？

A. 只要发现幽门螺杆菌阳性，就要马上治疗

B. 合餐制容易引起幽门螺杆菌感染

C. 幽门螺杆菌可能导致胃癌

D. 幽门螺杆菌杀菌治疗失败后，应间隔 3 个月再进行治疗

自我评估

一、生词知多少

你认识下列词语吗？如果认识，请在词语前的“□”里画“√”；如果不认识，请再复习复习。

□ 出毛病	□ 胃肠动力	□ 气体	□ 发酵
□ 破坏	□ 联合	□ 紊乱	□ 杀灭
□ 筛查	□ 口臭	□ 老婆	□ 打嗝
□ 胀气	□ 烧心	□ 烧灼感	□ 呕血
□ 便血	□ 痛苦	□ 预约	□ 无痛
□ 内镜	□ 胃肠道	□ 心前区	□ 胃癌
□ 致癌物	□ 浅表性胃炎	□ 萎缩性胃炎	□ 胃食管反流病
□ ^{13}C 呼气试验	□ 苦	□ 阿莫西林	□ 皮试
□ 耐药性	□ 暴饮暴食	□ 分餐	□ 公勺
□ 公筷	□ 哦		

掌握了 25 个以上：非常好，为你点赞！

掌握了 20 ～ 25 个：不错，继续努力！

掌握了 19 个及以下：好好复习，下次加油！

二、你知道怎么说吗？

你知道下列几种情况应该怎么说吗？如果知道，请在句子前的“□”里画“√”。

□ 描述胃食管反流病的症状。

□ 介绍幽门螺杆菌感染对胃部健康的影响。

□ 说明幽门螺杆菌杀菌治疗的注意事项。

第二课

一旦得了尿毒症，就得长期透析

主题热身

一、给下列词语选择对应的图片

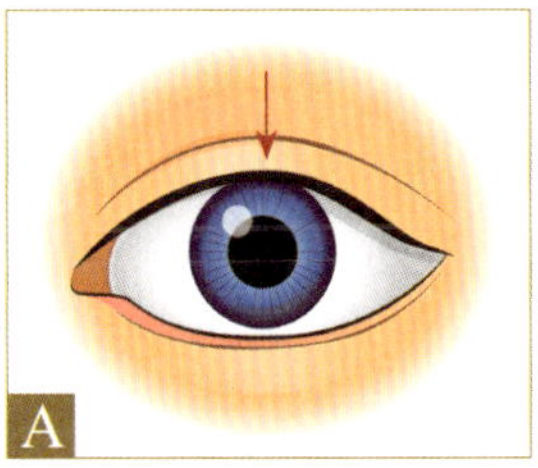

A

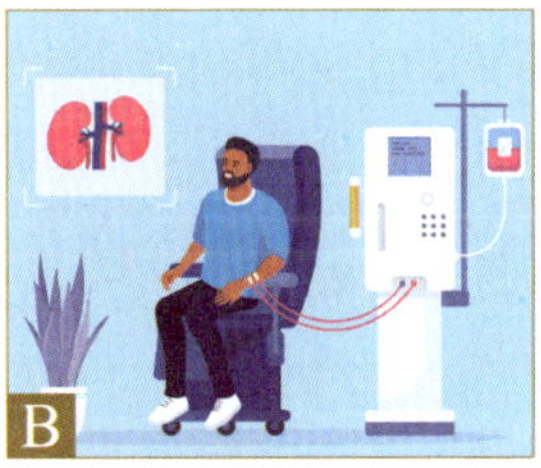

B

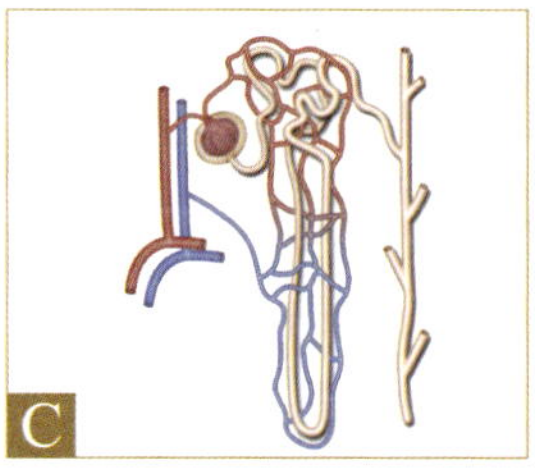

C

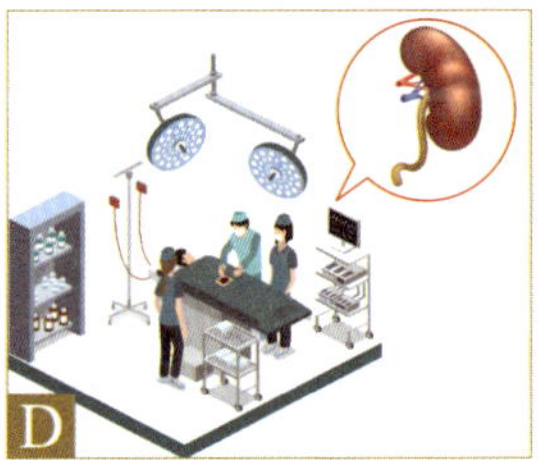

D

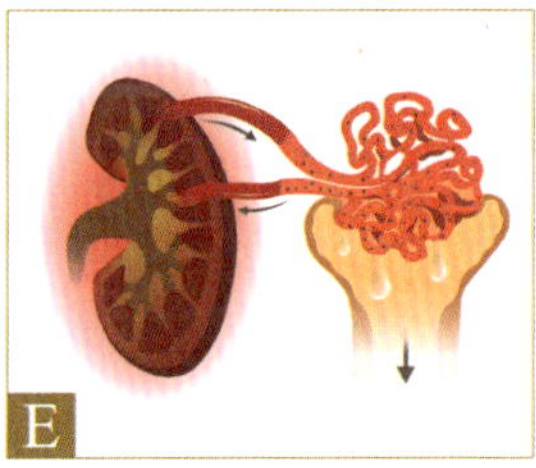

E

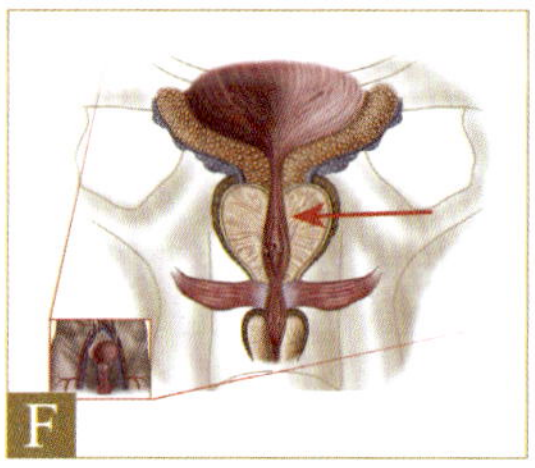

F

1. 前列腺________　　2. 眼皮________　　3. 肾移植________

4. 透析________　　5. 肾单位________　　6. 肾小球________

二、听对话，选择正确答案

1. 男的起床时，感觉怎么样？

A. 食欲差　　B. 没精神　　C. 眼睛睁不开

2. 男的晚上为什么不敢喝水？

A. 夜尿频多　　B. 眼睑浮肿　　C. 多饮多尿

3. 女的觉得男的哪里出了问题？

A. 肺　　B. 肾　　C. 肝

扫描二维码，获取听力音频

任务学习

任务一 慢性肾功能衰竭患者的问诊

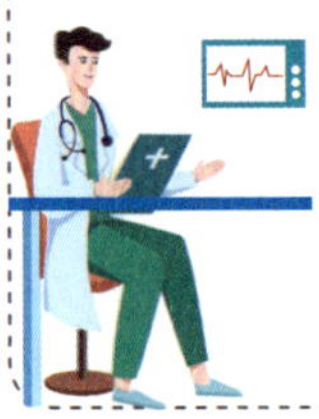

任务描述： 患者觉得自己得了肾病，到肾内科门诊就诊。肾内科医生对患者进行问诊。

准备

语言点 1 强调的方法：连……，都/也……

读一读

读句子，判断意思理解是否正确

腿和脚也都肿了，连鞋都穿不进去了。

患者的脚肿得很厉害。（ ）

学一学

“连……，都/也……”用来表示强调。通过强调最不可能的事情的发生，来进一步说明需要表达的情况。“连”的后面可以是名词或名词性短语、动词或动词性短语、包含数词“一”的数量短语，以及由疑问代词或不定数词构成的小句。

例句

（1）就爬了几层楼，我连气都喘不上来了。

（2）这么先进的设备，我连见都没见过。

（3）最近太忙了，连一天也没休息。

（4）刚才太着急了，连这个药怎么吃我也忘了问了。

（5）他什么都不记得了，连家里有几口人也说不清楚。

练一练

用“连……，都/也……”完成句子

（1）最近我都在准备考试，__________________________。

（2）我的牙太疼了，______________________________。

（3）这个主任的号太难挂了，__________________________。

语言点 2　口语格式：没怎么＋动词＋就……

读一读

读句子，选择与句子意思一致的一项

我没怎么吃就觉得肚子胀得不行。

A. 我吃太多了，所以肚子很胀

B. 我吃了一点儿就觉得肚子很胀

C. 肚子太胀了，我不想吃饭

学一学

“没怎么＋动词＋就……”表示在过去的时间里，某种动作行为的频率或程度很低，或者动作持续的时间很短，在这种情况下，达到了某种结果。

例句

（1）今天做检查的人不多，没怎么等就轮到我了。

（2）我刚躺下，还没怎么睡就又被叫起来加班了。

（3）爸爸总怕影响我工作，刚刚打电话来，没怎么聊就挂了。

练一练

用“没怎么＋动词＋就……”改写句子

（1）今天这家饭馆排队的人少，我们只排了一会儿队就吃上了。

____

（2）手术同意书他简单地看了看，就签字了。

____

（3）关于手术治疗方案，病人家属只考虑了一小会儿就同意了。

____

示例

- 科室：肾内科（门诊）
- 患者：孙亮（男，65 岁）
- 医生：王国平（主任医师）

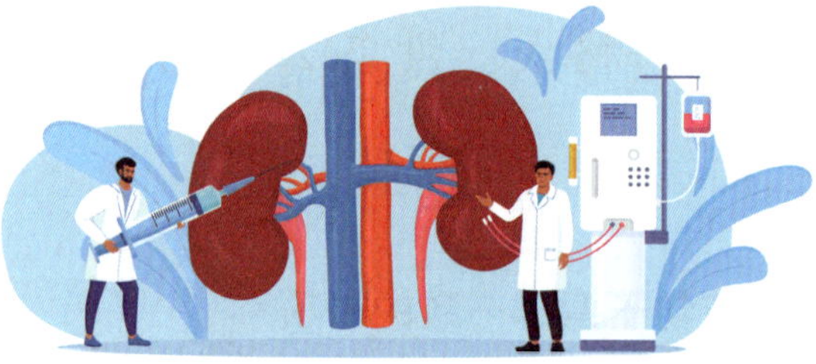

扫描二维码，获取课文和生词音频

王国平：您好！请坐。您眼皮有点儿肿啊。

孙　亮：是啊，早上起床的时候肿得更明显。腿和脚也都肿了，连鞋都穿不进去了。您看，这儿一按就凹下去了。我爱人说我这是肾出毛病了，让我赶紧来看看。

王国平：您还有别的什么不舒服吗？

孙　亮：最近一个月，我总觉得没力气。有时候，还感觉胸闷，好像有点儿心悸，一活动就头晕、气喘。食欲也不大好，一吃饭就感觉恶心、想吐，没怎么吃就觉得肚子胀得不行。

生词

1. 眼皮 yǎnpí *n.* eyelid
2. 凹 āo *adj.* concave
3. 心悸 xīnjì *v.* to palpitate
4. 气喘 qìchuǎn *v.* to be short of breath

王国平：小便正常吗？

孙　亮：小便颜色比较黄。白天尿也比以前少了，可一到晚上就总感觉有尿，一个晚上要起来两三次。

王国平：您以前得过什么病吗？

孙　亮：我一直都有高血压和糖尿病，十几年了。其他病倒没有。

王国平：以前有没有做过肾功能检查？

孙　亮：没有。记得有一次体检，尿常规检查发现尿蛋白“+”。医生说肾功能可能有点儿问题，让我去肾内科看看。不过，我也没觉得有什么不舒服，就没再去看医生了。

王国平：那您平时有没有定期监测血压、血糖？

孙　亮：倒没定期测，想起来就测一下儿。血压一般在160～180之间。血糖比较高的时候，能到15～18。

王国平：血糖这么高啊！平时有没有吃降糖药？

孙　亮：医生给我开了一大堆降压药、降糖药，但我总忘了吃。

⑤ 倒　dào　*adv.*　but

⑥ 尿常规检查　niàochángguī jiǎnchá　*n.*　urinalysis

⑦ 堆　duī　*m.*　pile

王国平：这可不行，降压药、降糖药都得坚持吃才行啊。血压、血糖这么高，不控制怎么能行？您现在出现的双下肢和面部浮肿、尿量减少、夜间排尿增多这些症状，确实都是肾功能异常的表现，很可能是高血压或者糖尿病引起的肾病。

孙　亮：什么？糖尿病还会引起肾病？

王国平：是啊。长期血糖控制不佳会导致肾小球硬化，出现糖尿病肾病。如果病情进一步发展，可能会出现肾小球滤过率持续降低，引起慢性肾功能衰竭，最后还可能会发展成尿毒症。

孙　亮：尿毒症？您别吓我，这么严重啊！

王国平：真没吓您，您可别不当回事了。这样，您先去做个尿常规、24小时尿蛋白定量和生化全套检查，看看肾功能的情况。等结果出来了，您再过来。

孙　亮：好的，谢谢您！

8 排尿 páiniào *v.* to urinate

9 不佳 bùjiā *adj.* not good

10 肾小球滤过率 shènxiǎoqiú lǜguòlǜ *n.* glomerular filtration rate

11 尿毒症 niàodúzhèng *n.* uremia

12 吓 xià *v.* to frighten

13 24小时尿蛋白定量 èrshísì xiǎoshí niàodànbái dìngliàng *n.* 24-hour urinary protein quantitation

14 生化全套检查 shēnghuà quántào jiǎnchá *n.* complete biochemical test

Note:

1. 肾小球滤过率
2. 慢性肾功能衰竭

扫描二维码，获取注释内容

活动

答一答

（1）患者为什么到肾内科就诊？

（2）患者以前得过什么病？平时的血压、血糖情况怎么样？

（3）医生建议患者做哪些检查？

说一说

小组讨论： 慢性肾脏病可能出现下列哪些症状？请在对应症状前的“□”里画“√”。如果你们认为还可能出现其他症状，请写在下面。

□ 腰酸

□ 下肢肿胀

□ 心悸

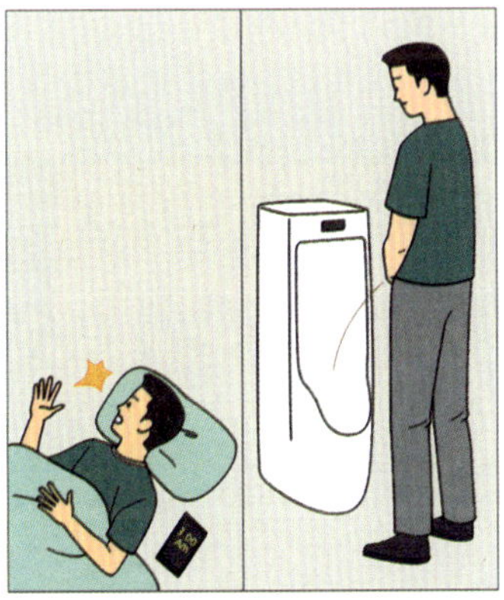

□ 夜尿增多

□ 乏力

□ 食欲不振

其他症状：______________________________

读一读

读报告单，判断正误

24 小时尿蛋白定量检验报告单

姓名：孙亮　　性别：男　　年龄：65 岁

申请科室：肾内科　　诊断：肾功能不全

检验项目：24 小时尿蛋白定量　　样本类型：24 小时尿液

序号	项目	结果	参考值	单位
1	24 小时尿总蛋白	6136.2 ↑	＜ 120.0	mg/24h
2	24 小时尿量	1050	1000 ～ 2000	mL

申请时间：×× 年 ×× 月 ×× 日　　接收时间：×× 年 ×× 月 ×× 日

采样时间：×× 年 ×× 月 ×× 日

（1）患者做这项检查，需要留 24 小时的尿液。(　　)

（2）正常情况下，24 小时尿液中的尿总蛋白应低于 120.0 mg。(　　)

（3）患者 24 小时的总尿量低于正常值。(　　)

任务二　肾健康知识宣教

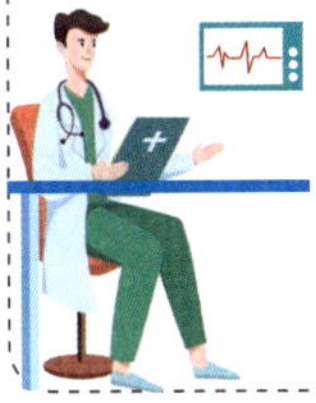

任务描述： 肾内科医生为老年人介绍肾健康知识。

准备

语言点　假设复句：一旦……，就……

读一读

读句子，判断意思理解是否正确

一旦发现大量蛋白尿，就说明已经出现肾功能衰竭了。

如果发现大量蛋白尿，就已经出现了肾功能衰竭。（　　）

学一学

“一旦……，就……”是表示假设关系的关联词，“一旦”常用于表示新情况的出现或假设有一天发生新的情况，“就”后的分句常用于表示新情况出现后的影响或结果。

例句

（1）一旦患者出现这种情况，就要马上送医。

（2）一旦确诊为糖尿病，就需要及时进行治疗。

（3）一旦出现不良反应，就应立即停药。

练一练

用“一旦……，就……”完成句子

（1）______________________________，就要马上到医院复查。

（2）服用降糖药的病人一旦出现头晕、心慌等低血糖症状，____________________。

（3）中国有句老话叫“伤筋动骨一百天”，说的是______________________________。

示例

- 主持人：刘晓倩
- 专家：王国平
- 听众 1：孙达
- 听众 2：张建国

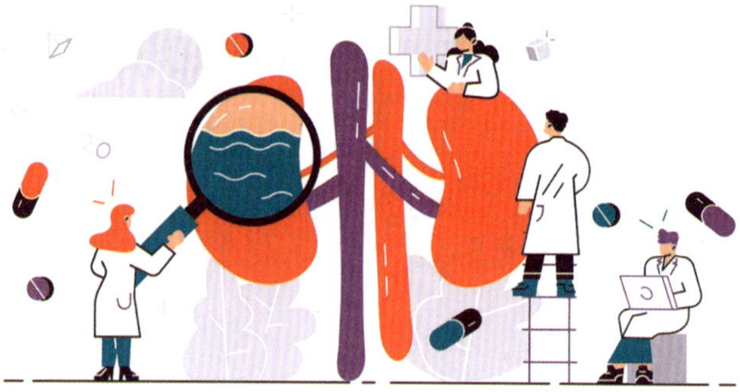

扫描二维码，获取课文和生词音频

刘晓倩： 今天我们请到了第一医院肾内科的王主任来给大家介绍老年人肾健康知识。欢迎王主任！

王国平： 谢谢大家！大家听说过糖尿病肾病吗？咱们很多老年朋友都有糖尿病吧。大家可能会觉得糖尿病跟肾病没有什么关系。今天我就来跟大家说一说糖尿病最常见的并发症——糖尿病肾病。

大家看，这是肾，这是肾单位，这是肾小球。肾小球就像是个筛子。血液经过肾小球时，血液中比较大的蛋白质，如白蛋白、球蛋白等，是不能滤过的，会被留在血液里。但是如果血糖长期偏高，就会引起肾小球硬化，滤过功能降低。这样，血液中的蛋白就会进入尿液，出现蛋白尿。一旦出现大量蛋白尿，就说明肾功能已经出

生词

1. 肾单位 shèndānwèi *n.* nephron
2. 筛子 shāizi *n.* sieve
3. 白蛋白 báidànbái *n.* albumin
4. 球蛋白 qiúdànbái *n.* globulin

现比较严重的损伤了。

请大家特别注意，慢性肾功能衰竭一旦发生就是不可逆的。如果耽误治疗，病情发展到终末期，就是尿毒症了。因此，如果有糖尿病，一定要遵医嘱，按时服用降糖药，监测并控制血糖。同时，建议大家定期做尿常规，筛查尿蛋白。这样能尽早发现早期肾脏病变。除了蛋白尿，慢性肾功能衰竭还可能会出现尿量减少、水肿、贫血等症状。这里要特别提醒一些老年男性朋友，排尿异常并不一定都是前列腺问题引起的，也可能是肾功能衰竭的表现，要引起重视。大家一旦发现肾功能异常，就一定要及早就医。“早发现，早治疗”是糖尿病肾病防治的关键。

讲到这儿，大家有没有什么问题？

⑤ 不可逆　bùkěnì　*adj.*　irreversible

⑥ 耽误　dānwu　*v.*　to delay

⑦ 终末期　zhōngmòqī　*n.*　terminal stage

⑧ 遵　zūn　*v.*　to follow

⑨ 医嘱　yīzhǔ　*n.*　doctor's orders

⑩ 尽早　jǐnzǎo　*adv.*　as soon as possible

⑪ 提醒　tíxǐng　*v.*　to remind

⑫ 男性　nánxìng　*n.*　male

⑬ 前列腺　qiánlièxiàn　*n.*　prostate

⑭ 防治　fángzhì　*v.*　to prevent and cure

⑮ 关键　guānjiàn　*n.*　key, crux

孙　达：王主任，您好！您刚才说的尿毒症是不是治不好？

王国平：是的。尿毒症患者的肾脏已经不能发挥正常的功能了，只能用透析来代替肾脏的功能，或者做肾移植手术。

张建国：透析治疗的费用是不是特别高啊？

王国平：现在透析治疗费用已经可以医保报销了，而且报销的比例还挺高的，患者并不会承受太大的经济压力。但是，一旦得了尿毒症，就得长期透析，对正常生活的影响很大。

刘晓倩：大家还有别的问题吗？

……

刘晓倩：如果没有，那我们今天的讲座就到此结束，再次感谢王主任！

16 透析 tòuxī *v.* to take dialysis treatment

17 代替 dàitì *v.* to replace

18 移植 yízhí *v.* to transplant

19 费用 fèiyong *n.* fee

20 医保（医疗保险） yībǎo (yīliáo bǎoxiǎn) *n.* medical insurance

21 报销 bàoxiāo *v.* to submit an expense account for reimbursement

22 比例 bǐlì *n.* proportion

23 承受 chéngshòu *v.* to bear, to endure

24 讲座 jiǎngzuò *n.* lecture

25 再次 zàicì *adv.* once again

Note:

透析

扫描二维码，获取注释内容

活动

答一答

（1）患者尿常规检查发现大量蛋白尿说明什么？

（2）除了蛋白尿，慢性肾功能衰竭还可能出现哪些症状？

（3）尿毒症可以怎么治疗？

说一说

（1）**小组讨论：**什么是糖尿病肾病？什么是尿毒症？糖尿病和尿毒症有什么关系？

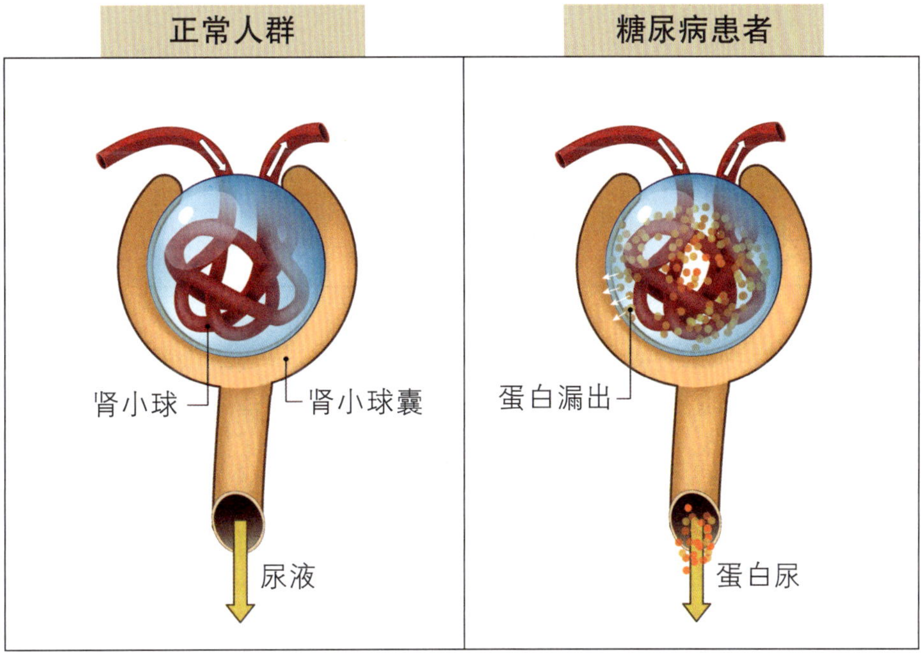

（2）**想一想：**下列两组句子中，A、B 两段话的意思一样吗？分别可能是谁对谁说的？

① A：最近早上起床的时候，眼皮肿得很厉害，腿和脚也肿了，一按就凹下去了。

B：患者主诉晨起眼睑浮肿明显，双下肢见凹陷性浮肿。

② A：尿毒症患者的肾脏已经不能发挥正常的功能了，只能用透析来代替肾脏的功能，或者做肾移植手术。

B：听说一旦得了尿毒症，肾就没用了，只能一直做透析，或者是换肾。

（3）**成段表达：**请根据“任务二”的示例内容，向患者说明应该如何预防糖尿病肾病。

慢性肾功能衰竭……发生……是不可逆的。如果耽误治疗，病情发展到……，就是……了。因此，如果有糖尿病，一定要遵医嘱，按时……，……血糖。同时，还应定期……，筛查……。这样能……。一旦发现……，就……。总之，“早发现，早治疗”是……。

演一演

小组活动：两人一组，根据场景提示，使用下列词语模拟患者与医生的对话。

场景提示：糖尿病患者因出现全身浮肿到肾内科就诊，医生问诊并告知糖尿病肾病可能引起的严重后果。

眼皮、凹、心悸、气喘、监测、控制、肾小球硬化、肾小球滤过率、衰竭、尿毒症、不可逆、透析、肾移植

任务操练

实践

你了解你们国家的医疗保险政策（zhèngcè，policy）吗？在你们国家，患者透析治疗的费用高不高？请你做一个小采访并拍成小视频，介绍一下儿中国和你们国家的透析治疗医疗保险政策有哪些异同点（yìtóngdiǎn，similarities and differences）。

练习

（一）词语搭配

1. 肾小球
2. 承受
3. 报销
4. 耽误
5. 肾小球滤过率

A. 治疗
B. 费用
C. 降低
D. 压力
E. 硬化

（二）选择正确的词语填空

1. 患者长期血糖控制（1）________会导致肾小球硬化，出现双下肢和面部浮肿、尿量减少、夜间排尿增多等肾功能（2）________症状。如果病情进一步发展，可能会出现肾小球滤过率（3）________降低，引起慢性肾功能衰竭，最后还可能会发展成尿毒症。

（1）A. 不佳　　B. 不断　　C. 不满　　D. 不足
（2）A. 正常　　B. 异常　　C. 日常　　D. 常见
（3）A. 连续　　B. 持续　　C. 陆续　　D. 手续

2. “早发现，早治疗”是糖尿病肾病（1）________的关键。因此，糖尿病患者平时要按时服用降糖药，定期（2）________血糖。此外，还应定期通过尿常规筛查尿蛋白，这样才能（3）________发现早期肾脏病变。

（1）A. 防止　　B. 防护　　C. 防范　　D. 防治
（2）A. 保持　　B. 补充　　C. 监测　　D. 检验
（3）A. 尽早　　B. 尽力　　C. 尽快　　D. 尽量

3. 慢性肾病一旦发生就是（1）________的，病情发展到终末期就是我们常说的尿毒症。尿毒症患者一般需要进行透析治疗。有条件的，也可进行肾脏（2）________治疗。目前在中国，尿毒症透析治疗费用已可通过医保报销，患者并不会（3）________很大的经济压力。

（1）A. 不可知　　B. 不可能　　C. 不可退　　D. 不可逆

（2）A. 代替　　B. 移植　　C. 转移　　D. 更换

（3）A. 承受　　B. 接受　　C. 感受　　D. 受到

（三）用指定结构完成对话

1. 同学 A：明天就要考试了，你今天还出去玩儿啊？

同学 B：别担心，化学考试不难，上次考试________________________________。

（没怎么 + 动词 + 就……）

2. 医生：您昨晚睡得怎么样？

患者：我最近总是失眠，____。

（连……，都 / 也……）

3. 患者：没想到慢性肾功能衰竭这么严重啊！

医生：________________________________。如果病情没有得到控制，就会逐渐发展为尿毒症。（一旦……，就……）

（四）阅读语段，选择与语段意思一致的一项

1. 尿毒症是慢性肾脏病的终末期阶段。此时，患者的肾脏往往已经无法发挥正常功能，肾小球滤过率一般小于 10 ml/min。透析疗法和肾移植是目前常见的尿毒症治疗方法，但透析只能是尽可能以人工肾来代替已经失去功能的肾脏，并不能治愈尿毒症，肾移植是目前公认的治疗尿毒症的最佳方法。

A. 尿毒症患者肾小球滤过率较高

B. 透析可以完全治愈尿毒症

C. 治疗尿毒症的最好办法是进行肾脏移植

2. 糖尿病肾病是由于患者长期血糖控制不佳而出现的一种常见的糖尿病慢性并发症。同时，糖尿病肾病也是引起慢性肾脏病和终末期肾脏病的重要原因之一。糖尿病肾病的临床表现主要有大量蛋白尿、高血压和水肿等，部分患者还可能会出现贫血、乏力、少尿或无尿等症状，肾功能检查常表现为肾小球滤过率下降。

A. 糖尿病肾病与患者长期血糖控制不佳有关

B. 糖尿病肾病患者会出现尿量增加的症状

C. 糖尿病肾病患者的肾小球滤过率会升高

（五）写作练习

请根据“任务一”和“任务二”的示例内容，写一份病历摘要。

姓名：孙亮　　性别：男　　年龄：65 岁　　就诊科室：肾内科

主诉：

现病史：

既往史：

体格检查：

辅助检查结果：

初步诊断：

治疗意见：

医生签名：

年　　月　　日

拓展学习

一、词汇

肾脏相关词语

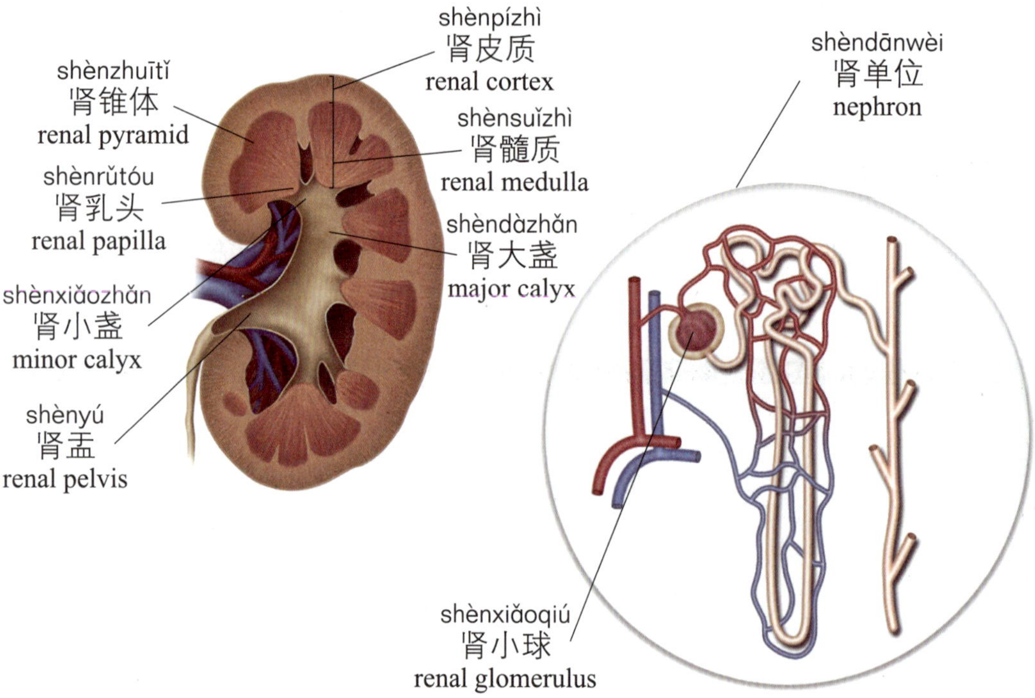

二、阅读

糖尿病肾病离尿毒症有多远？

据统计，中国成年人糖尿病患病率为 12.8%，糖尿病患者总数约为 1.4 亿，而糖尿病的治疗率和控制率却不高，且约有 20%～40% 的糖尿病患者合并糖尿病肾病。糖尿病肾病是导致终末期肾病（尿毒症）的主要原因之一。在中国，有将近 1/3 的尿毒症是由糖尿病肾病引起的，而平均每 3 个糖尿病患者中就有 1 个糖尿病肾病患者。

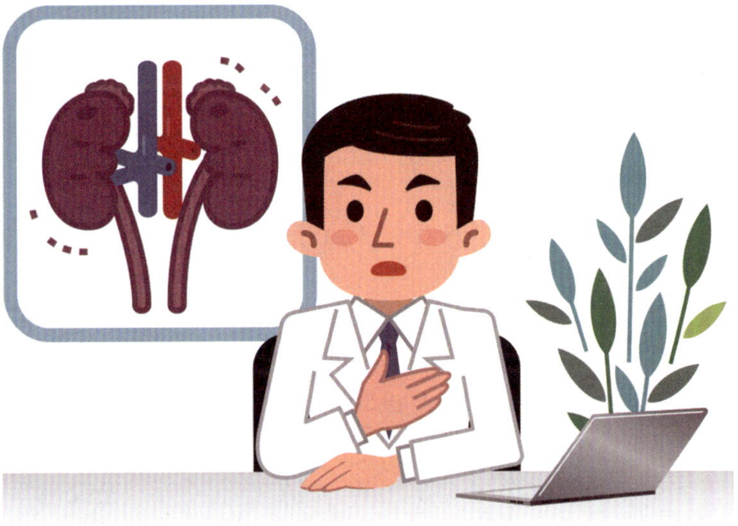

肾移植是目前尿毒症最有效的治疗方法，但供体短缺是肾移植治疗尿毒症的最大障碍。因此，透析成为大多数尿毒症患者的治疗选择。如能长期坚持合理地透析，不少尿毒症患者能存活 10 ～ 20 年以上。透析包括腹膜透析和血液透析两种。其中，腹膜透析可由患者本人或者陪护者操作，可居家进行，但需要每天透析，且易发生腹膜炎和蛋白营养不良；血液透析需要患者每周到医院 2 ～ 3 次，由专业人员使用血透机进行透析，每次透析时间需 4 个小时左右。

从糖尿病到尿毒症，似乎很远。但如不积极治疗，一旦发生糖尿病肾病，肾脏很可能已经出现了不可逆的损伤。因此，在确诊糖尿病后，就要严格控制血糖，重视对糖尿病并发症的筛查，预防糖尿病肾病的出现。患者可通过定期筛查晨尿的微量白蛋白与尿肌酐的比值，及时发现早期的肾脏病变。早发现、早干预是预防尿毒症发生与发展的最有效措施。

（一）重要医学词语

1. 合并	hébìng	*v.*	to complicated with another illness
2. 供体	gōngtǐ	*n.*	donor
3. 存活	cúnhuó	*v.*	to survive
4. 陪护者	péihùzhě	*n.*	caregiver
5. 操作	cāozuò	*v.*	to operate
6. 居家	jūjiā	*v.*	to be at home
7. 微量	wēiliàng	*adj.*	micro-
8. 尿肌酐	niàojīgān	*n.*	urine creatinine
9. 比值	bǐzhí	*n.*	ratio

（二）阅读材料，选择正确答案

1. 导致尿毒症的主要原因是下列哪项？

   A. 糖尿病　B. 糖尿病肾病　C. 终末期肾病　D. 腹膜炎

2. 肾移植治疗尿毒症的最大障碍是什么？

   A. 不易存活　B. 费用高　C. 技术不成熟　D. 供体不足

3. 目前治疗尿毒症的主要方法不包括下列哪项？

   A. 血液透析　B. 腹膜透析　C. 结肠透析　D. 肾移植

4. 关于尿毒症，下列哪项正确？

   A. 尿毒症与终末期肾病没有关系

   B. 血液透析可居家进行

   C. 尿毒症最有效的治疗方法是肾移植

   D. 预防尿毒症的关键是养成良好的生活习惯

自我评估

一、生词知多少

你认识下列词语吗？如果认识，请在词语前的“□”里画“√”；如果不认识，请再复习复习。

□ 倒	□ 吓	□ 堆	□ 凹
□ 不佳	□ 筛子	□ 男性	□ 尽早
□ 耽误	□ 遵	□ 提醒	□ 代替
□ 关键	□ 费用	□ 报销	□ 比例
□ 承受	□ 不可逆	□ 防治	□ 医嘱
□ 医保	□ 排尿	□ 再次	□ 心悸
□ 眼皮	□ 前列腺	□ 讲座	□ 肾单位
□ 肾小球滤过率	□ 白蛋白	□ 球蛋白	□ 24 小时尿蛋白定量
□ 生化全套检查	□ 透析	□ 移植	□ 终末期
□ 尿毒症	□ 尿常规检查	□ 气喘	

掌握了 25 个以上：非常好，为你点赞！

掌握了 20 ～ 25 个：不错，继续努力！

掌握了 19 个及以下：好好复习，下次加油！

二、你知道怎么说吗？

你知道下列几种情况应该怎么说吗？如果知道，请在句子前的“□”里画“√”。

□ 说明糖尿病为什么会引起慢性肾病。

□ 描述糖尿病肾病的症状。

□ 介绍尿毒症的临床治疗方法。

第三课

他再不戒烟，就要把命抽没了！

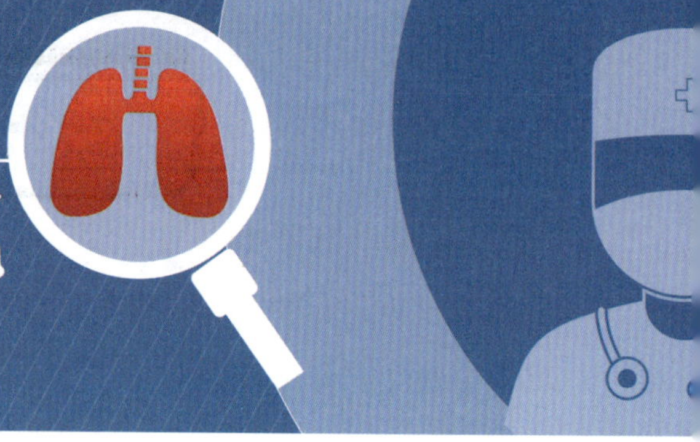

主题热身

一、给下列词语选择对应的图片

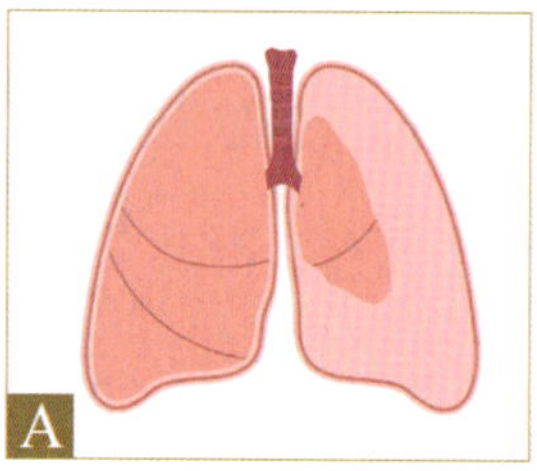
A

B

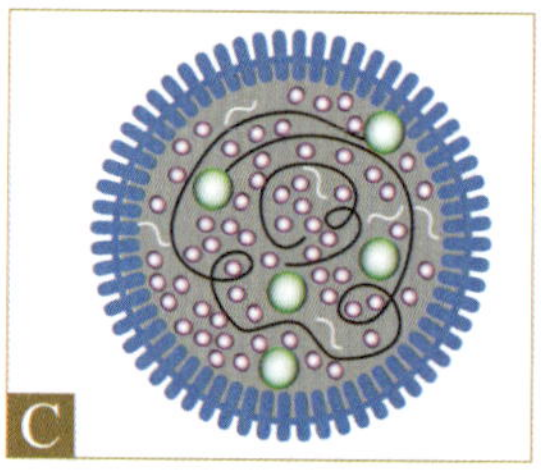
C

D

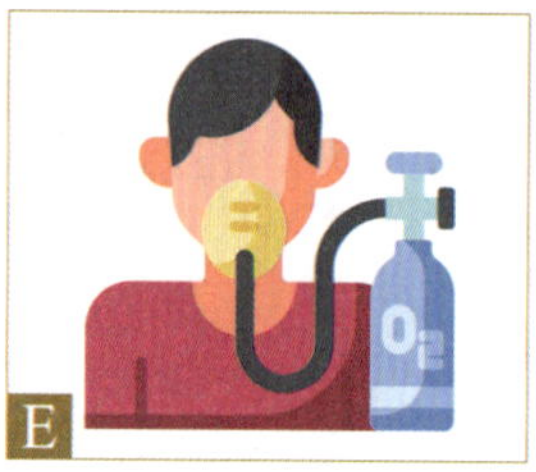
E

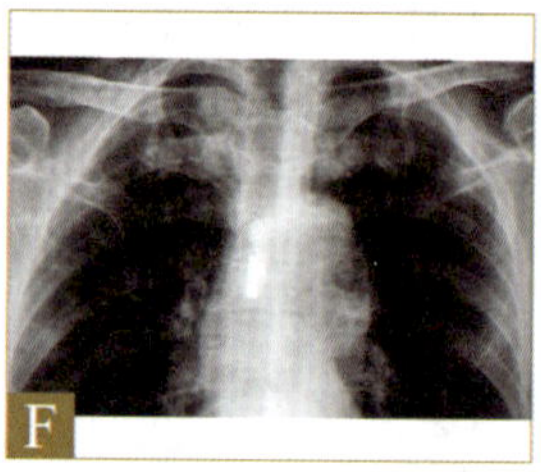
F

1. 支原体________　　2. 吸氧________　　3. 气胸________

4. 肺纹理________　　5. 破裂________　　6. 憋气________

二、听对话，选择正确答案

1. 老王是什么时候出院的？

   A. 上周　　B. 两周前　　C. 前两天

2. 这次住院，医生诊断老王得了什么病？

   A. 支气管炎　　B. 慢阻肺　　C. 肺气肿

3. 医生让老王做什么？

   A. 戒烟　　B. 戒酒　　C. 戒糖

扫描二维码，获取听力音频

任务学习

任务一　对慢阻肺患者进行戒烟宣教

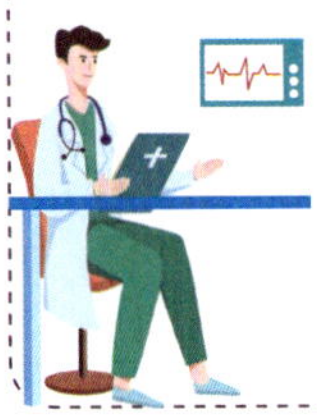

任务描述：管床医生发现慢阻肺患者住院期间仍在吸烟，告知患者吸烟对病情的影响，并让患者戒烟。

准备

语言点 1　“个”引导的状态补语的否定形式：动词 + 个 + 不 / 没……

读一读

读句子，判断意思理解是否正确

天气一变，我就咳个不停。

天气一变，“我”就一直咳嗽。（　　）

学一学

在“动词 + 个 + 不 / 没……”结构中，“动词”一般为单音节动词，“个”连接的是一个否定形式的状态补语。该结构一般表示动作的持续或不断重复。

例句

（1）怎么办啊？他这个血止不住，流个不停。

（2）我还有事呢，可是他还在说个没完。

（3）我还是很紧张，心一直“怦怦”地跳个不停。

练一练

用“动词 + 个 + 不 / 没……”完成句子

（1）昨天晚上他喝多了，回家以后就________________________________。

（2）医生给你开了多少个检查啊？怎么一早上________________？

（3）今天不知道怎么了，一晚上________________，已经上了好几次厕所了。

语言点 2 强调的方法：再也不 / 没

读一读

读句子，判断意思理解是否正确

我保证再也不抽烟了。

“我”不想戒烟。（ ）

学一学

“再也不 + 动词 + 了”表示强调将来不做某事的决心。如果表示过去曾经发生，但从过去某个时间点开始至今，没再怎么样或没再发生过，可以用“再也没 + 动词 + 过”。

例句

（1）我以后再也不喝饮料了。

（2）今后再也不会发生这样的事情了。

（3）你上次跟我说不能吃主食，从那以后我再也没吃过米饭。

练一练

用“不”或者“没”填空

（1）从医院回来以后，儿子哭着跟我说：“妈妈，我再也________要去医院了！”

（2）从今以后，我再也________能想吃什么就吃什么了。

（3）我实习的时候见过一个这种病的病例，后来再也________遇到过。

示例

- 科室：呼吸内科（病房）
- 患者：王长贵（男，55 岁）
- 医生：张洁（主治医师）

扫描二维码，获取课文和生词音频

（不停地咳嗽声）

王长贵：张大夫，早上好！我雾化都做了三天了，怎么还是咳个不停？痰也还是很多，都是脓痰。

张　洁：您刚才是不是又出去抽烟了？

王长贵：不好意思，实在忍不住，就抽了两口。

张　洁：您这烟不戒，用什么药都没有用啊！现在给您用的药都是扩张支气管、止咳化痰、平喘的。您一抽烟，症状又加重了。

王长贵：对不起，对不起。下不为例！

张　洁：您看您，从楼梯口走到病房就喘得这么厉害，您还抽烟！快坐下休息休息吧。昨天晚上睡得怎么样？

王长贵：别提了。我咳了一晚上，胸闷得很，半夜两点多就给憋醒了。醒了就睡不着了，一躺下就喘

生词

1. 脓痰　nóngtán　*n.*　purulent sputum
2. 忍不住　rěn bu zhù　to be unable to bear, cannot help (doing sth.)
3. 化痰　huàtán　*v.*　to reduce phlegm
4. 平喘　píngchuǎn　*v.*　to relieve asthma
5. 下不为例　xiàbùwéilì　not to be taken as a precedent
6. 楼梯口　lóutīkǒu　staircase entrance
7. 厉害　lìhai　*adj.*　hard
8. 别提了　biétí le　don't bring it up
9. 憋　biē　*v.*　to suffocate

不上气来，最后没办法只好坐着睡。这不，早上头疼得很，所以才出去抽了两口。

张　洁：晚上要是憋气睡不着，您就跟护士说，让护士给您吸点儿氧。烟是真的不能再抽了，越抽越咳！您现在是慢阻肺急性发作，如果不及时控制住，会引起肺心病，甚至呼吸衰竭。

王长贵：我保证再也不抽烟了。这病太折磨人了！天气一变，我就咳得很厉害。本来我天天早上去公园晨练，现在一活动就喘，什么都干不了了。

张　洁：您还是要适当运动运动，老是不运动，肌肉会慢慢萎缩，消化功能也会减退。在不喘的情况下，您可以走走路，或者打打太极拳。打太极拳不容易引起气喘，还能很好地进行呼吸训练，锻炼大腿肌肉力量，特别适合慢阻肺病人。

王长贵：好，那我明天就学学。

10 护士　hùshi　*n.*　nurse

11 吸氧　xīyǎng　*v.*
to inhale oxygen

12 慢阻肺（慢性阻塞性肺疾病）　mànzǔfèi (mànxìng zǔsèxìng fèijíbìng)　*n.*
chronic obstructive pulmonary disease (COPD)

13 肺心病（肺源性心脏病）　fèixīnbìng (fèiyuánxìng xīnzàngbìng)　*n.*
pulmonary heart disease, cor pulmonale

14 折磨　zhémó　*v.*
to torture

15 晨练　chénliàn　*v.*
to take morning exercise

Note:

1. 慢阻肺
2. 肺心病

扫描二维码，获取注释内容

活动

答一答

（1）医生为什么有点儿生气？

（2）患者晚上睡觉的时候感觉怎么样？

（3）医生说患者得了什么病？如果病情不及时控制，会出现什么后果？

说一说

小组讨论：慢阻肺可能出现下列哪些症状？请在对应症状前的“□”里画“√”。如果你们认为还可能出现其他症状，请写在下面。

□ 咳嗽

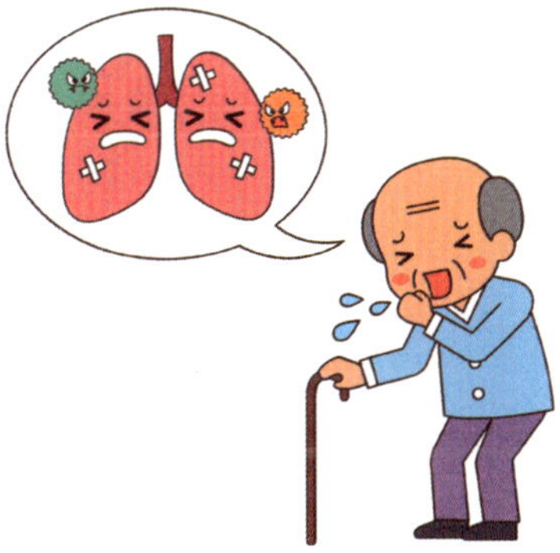

□ 咳痰

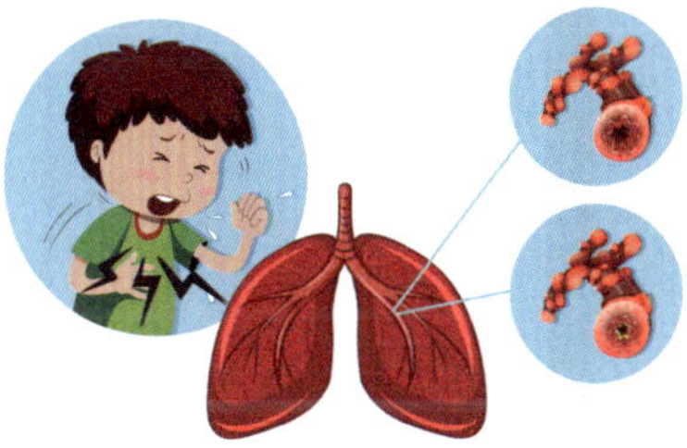

□ 胸闷

□ 气喘

□ 呼吸困难

其他症状：______________________________

读一读

读报告单，判断正误

CT 检查报告单

姓名：王长贵　　性别：男　　年龄：55 岁
申请科室：呼吸科　　检查部位：肺部
检查设备：CT99　　检查时间：×× 年 ×× 月 ×× 日

检查技术：CT
影像学所见：双肺散在斑片状高密度影，边缘模糊，肺纹理增多紊乱，右上肺囊状透亮影。气管及支气管通畅，双侧胸膜增厚，双侧胸腔未见明显积液。肺动脉干明显增宽。
影像学诊断：1. 双肺散在阴影，考虑慢性及陈旧性炎症。
2. 右上肺肺大疱。
3. 双侧胸膜增厚。
4. 肺动脉增宽。

报告医生：蔡晓玲　　审核医生：王华　　复核医生：陈真

（1）患者的左肺和右肺都有阴影。（　　）
（2）患者的左上肺出现了肺大疱。（　　）
（3）患者双侧的胸膜都变厚了。（　　）
（4）患者的肺动脉变窄了。（　　）

任务二　慢阻肺患者病情的介绍

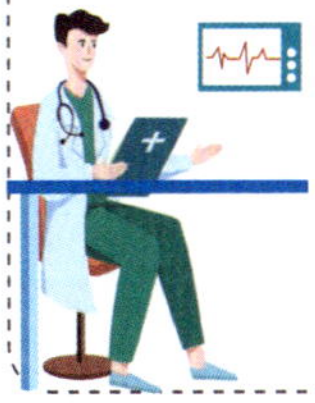

任务描述：管床医生向慢阻肺患者的家属介绍患者病情，并说明慢阻肺患者日常健康管理的重要性。

准备

语言点1　“把”字句：表致使

读一读

读句子，判断意思理解是否正确

他再不戒烟，就要把命抽没了！

抽烟对他的健康没什么影响。（　　）

学一学

“把”字句可以表致使，常用的结构是“主语（非生物体）+把+宾语+动词+其他成分”或“主语+把+宾语（施事）+动词+其他成分”。其中，“其他成分”常常是“动词”的结果补语或状态补语。

例句

（1）这双鞋把我的脚磨破了。

（2）你再抽烟，就要把命抽没了。

（3）说了这么久，把我的嘴都说干了。

练一练

组词成句

（1）吃　　把　　坏了　　肚子　　海鲜　　吃

____

（2）吵　病房里　把　声音　的　我　醒了

____

（3）把　哭　她　眼睛　红了　都

____

语言点 2　介词：随着

读一读

读句子，判断意思理解是否正确

随着病程的发展，患者可能会出现很多严重的并发症。

患者的病情继续发展下去，会出现很多严重的并发症。（　　）

学一学

“随着”是一个介词，可在句首，也可在句中。“随着”后面一般为动词性宾语，引出时间、处所或状态的变化，作为动作、行为或事件发生的条件。常见的结构有“随着 + 名词 + 的 + 动词”。

例句

（1）随着冬天的到来，天黑得越来越早了。

（2）人们的生活水平随着经济的发展不断提高。

（3）随着科技的不断进步和发展，3D 打印技术被应用到了口腔医学中。

练一练

用“随着……”完成句子

（1）____________________，患者会出现越来越明显的疼痛感。

（2）__________________________，我们都老了。

（3）这种病的发病率会____________________不断升高。

示例

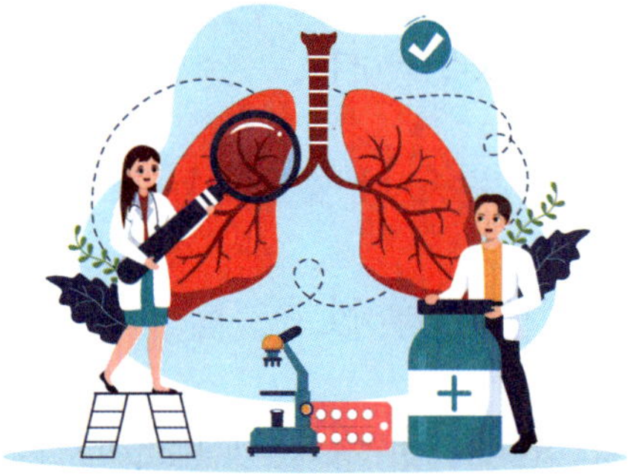

扫描二维码，获取课文和生词音频

- 科室：呼吸内科（医生办公室）
- 医生：张洁（主治医师）
- 患者家属：王正明（患者儿子）

张　洁：王先生，您来了，请坐！您父亲今天又偷偷抽烟了。您要好好劝劝他，一定要把烟戒了。他再不戒烟，就要把命抽没了！

王正明：您说得对。他抽了三十多年了，烟瘾比较大。我一定想想办法，让他把烟彻底戒了。

张　洁：谢谢您的配合。您父亲是慢性阻塞性肺气肿，也叫慢阻肺。肺功能检查发现他的肺活量、肺通气量都比较差。这是您父亲的胸部CT。您看，双肺的肺纹理增多紊乱，右上肺还有个肺大疱。

王正明：张医生，这个“肺大疱”是什么意思？

张　洁：我给您画个图。您看，咱们的细支气管末端有很多小肺泡。肺泡

生词

1. 偷偷 tōutōu *adv.* secretly
2. 劝 quàn *v.* to persuade
3. 命 mìng *n.* life
4. 烟瘾 yānyǐn *n.* tobacco addiction
5. 肺气肿 fèiqìzhǒng *n.* pulmonary emphysema
6. 肺活量 fèihuóliàng *n.* vital capacity
7. 肺通气量 fèitōngqìliàng *n.* pulmonary ventilation volume
8. 肺纹理 fèiwénlǐ *n.* lung marking
9. 肺大疱 fèidàpào *n.* pulmonary bulla
10. 细支气管 xìzhīqìguǎn *n.* bronchiole
11. 末端 mòduān *n.* end
12. 肺泡 fèipào *n.* pulmonary alveolus

像小气球一样，会随着咱们的呼吸扩张和收缩。由于慢阻肺病人的肺泡弹性较差，气道又存在阻塞，呼吸时肺泡可能会持续扩张，并发生破裂。破裂的肺泡互相融合到一起，就形成了肺大疱。一旦肺大疱破裂，就可能引起自发性气胸，危及生命。

王正明：这么严重啊！

张　洁：是的。慢阻肺病人的气道狭窄，随着病程的发展，可能出现肺心病、呼吸衰竭等严重的并发症。因此，病人在日常生活中，一定要注意保养。

王正明：好的，我明白了。除了戒烟，他平时还要注意些什么？

张　洁：还要注意保暖，预防病毒、细菌、支原体、衣原体等病原体引起的上呼吸道和气管、支气管、肺等部位感染。这些都可能引起慢阻肺急性加重。

⑬ 气球　qìqiú　*n.*　balloon

⑭ 弹性　tánxìng　*n.*　elasticity

⑮ 气道　qìdào　*n.*　airway

⑯ 破裂　pòliè　*v.*　to rupture

⑰ 融合　rónghé　*v.*　to fuse

⑱ 自发性气胸　zìfāxìng qìxiōng　*n.*　spontaneous pneumothorax

⑲ 危及　wēijí　*v.*　to endanger

⑳ 病程　bìngchéng　*n.*　course of a disease

㉑ 保养　bǎoyǎng　*v.*　to take good care of (one's health)

㉒ 支原体　zhīyuántǐ　*n.*　mycoplasma

㉓ 衣原体　yīyuántǐ　*n.*　chlamydia

㉔ 病原体　bìngyuántǐ　*n.*　pathogen

王正明：好的。他这回发病是不是就是流感引起的？

张　洁：是的。您看他的痰培养结果呈阳性，验血发现肺炎支原体 IgM 抗体和乙型流感病毒 IgM 抗体也都是阳性。这说明最近发生了细菌和病毒感染。

王正明：这两天他好像还是一直咳嗽，喘得也很厉害。

张　洁：是啊。虽然我们都已经进行了对症治疗，但是还需要他好好配合才行。

王正明：好的，好的。我回去一定好好跟他说说。

㉕ 痰培养　tán péiyǎng　*n.*
sputum culture

㉖ 对症治疗　duìzhèng zhìliáo
symptomatic treatment

Note:
1. 肺通气　2. 自发性气胸
3. 痰培养

扫描二维码，获取注释内容

活动

答一答

（1）患者做了哪些检查？结果怎么样？
（2）患者这次为什么会出现慢阻肺急性加重？

说一说

（1）**小组讨论：**什么是肺大疱？出现肺大疱后可能会引起什么并发症？

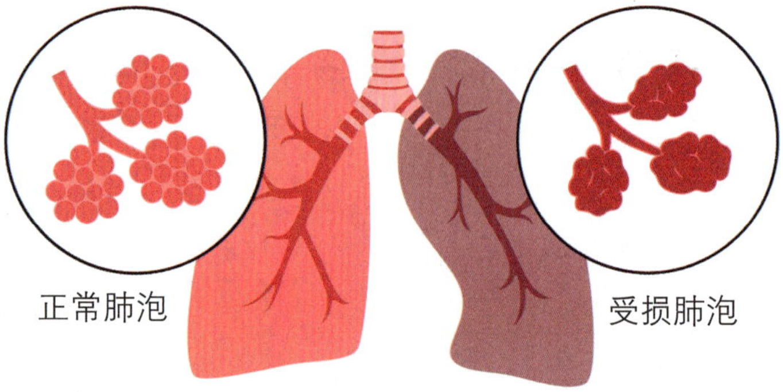

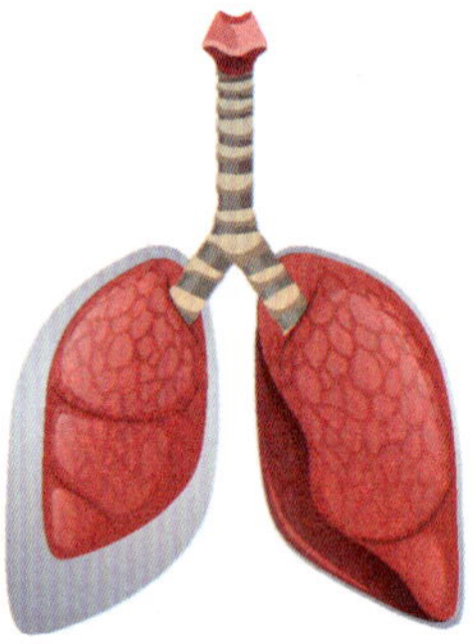

（2）**想一想：**下列两组句子中，A、B 两段话的意思一样吗？分别可能是谁对谁说的？

① A：他的肺功能不太好，肺活量、肺通气量都比较差。这是胸部 CT 检查结果，两边肺的纹理都比较粗，右肺的上边还有个肺大疱。

B：肺功能检查提示肺活量及肺通气量均较差，胸部 CT 显示双肺纹理增多紊乱，右上肺肺大疱。

② A：由于慢阻肺病人的肺泡弹性比较差，气道又存在阻塞，呼吸时肺泡可能会持续扩张，甚至发生破裂。破裂的肺泡融合到一起，就形成了肺大疱。

B：慢阻肺患者肺泡弹性差且气道阻塞，可致肺泡持续扩张，甚至破裂。破裂肺泡融合后即形成肺大疱。

（3）**成段表达：**请根据“任务二”的示例内容，向慢阻肺患者家属进行宣教。

您父亲是……。……检查发现他的……、……都不好。胸部 CT 显示，双肺的……，而且……还有……。肺大疱……可能会引起……，危及……。他平时一定要……，要注意……，预防……、……、……、……等病原体引起的……、……、……感染。这些都可能引起……。

演一演

小组活动：两人一组，根据场景提示，使用下列词语模拟患者与医生的对话。

场景提示：某一有较长吸烟史的慢阻肺患者来呼吸内科就诊，医生劝患者戒烟，并告知他吸烟对病情的影响及可能带来的严重后果。

喘、憋、刺激、控制、脓痰、慢阻肺、肺心病、呼吸衰竭、肺大疱、破裂、肺通气、危及

任务操练

实践

慢阻肺在全球40岁以上人群中的发病率已高达9%～10%，而且慢阻肺早期不易被发现。同时，慢阻肺患者呼吸系统的病变是不可逆的。因此，慢阻肺患者的日常健康管理特别重要。请你拍个科普小视频或者写一篇科普小短文介绍一下儿慢阻肺。

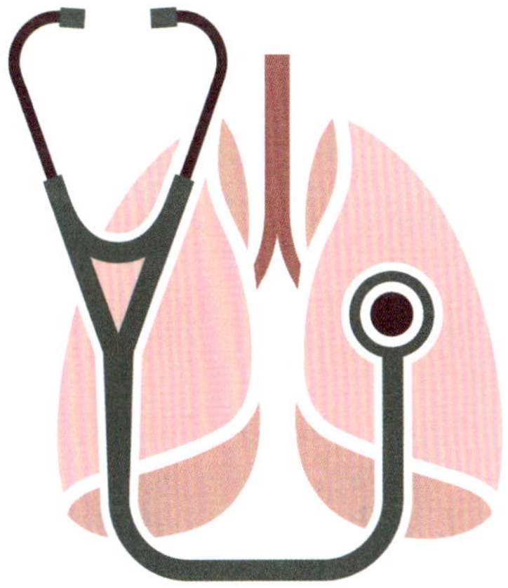

练习

（一）词语搭配

1. 肺泡
2. 呼吸
3. 危及
4. 上呼吸道
5. 病程

A. 生命
B. 发展
C. 破裂
D. 衰竭
E. 感染

（二）选择正确的词语填空

1. 慢阻肺患者要（1）________运动，（2）________长期不运动，肌肉可能会逐渐萎缩，消化功能也会不断（3）________，影响整个身体机能。

（1）A. 适应　B. 合适　C. 适合　D. 适当
（2）A. 不仅　B. 不但　C. 要是　D. 只要
（3）A. 减退　B. 减轻　C. 减少　D. 减压

2. 患者肺功能检查（1）________肺活量、肺通气功能（2）________。胸部 CT（3）________双肺的肺纹理增多紊乱，右肺出现了肺大疱。

（1）A. 发现　B. 发明　C. 发作　D. 发展
（2）A. 升高　B. 减轻　C. 增加　D. 下降
（3）A. 说明　B. 显示　C. 明显　D. 表示

3. 慢阻肺是一种慢性疾病，随着（1）________的发展，会引起很多严重的（2）________，而且（3）________是不可逆的。因此，患者日常的自我管理对慢阻肺的治疗特别重要。

（1）A. 病历　　B. 病例　　C. 病程　　D. 病史

（2）A. 并发症　　B. 综合征　　C. 副作用　　D. 合并症

（3）A. 病因　　B. 病变　　C. 病理　　D. 病毒

（三）用指定词语或结构完成对话

1. 妻子：你今天感觉怎么样？

丈夫：好多了，已经不吐了。昨天晚上________________。（动词＋个＋不停）

妻子：我都跟你说了少喝点儿，你就是不听我的。

丈夫：是，是。我以后________________________________。（再也不）

2. 实 习 生：老师，为什么肺大疱可能会破裂？

带教医生：____。（随着）

3. 护士：您好！麻烦您把手机声音调小一点儿，好吗？您看，________________

________________________。（主语＋把＋宾语＋动词＋其他成分）

患者：不好意思。

（四）阅读语段，选择与语段意思一致的一项

1. 慢阻肺在早期基本没有什么明显的症状，不容易被发现。根据病情的严重程度，可以将慢阻肺分为轻度、中度和重度。轻度慢阻肺患者一般只有在剧烈运动时才会出现呼吸困难，而患者大多会通过减少运动量来缓解。大部分患者都是在出现较严重的呼吸困难时才到医院就诊，因此确诊时病情一般都已经发展到了中重度，错过了最佳治疗期。

A. 慢阻肺在早期不容易被发现

B. 轻度慢阻肺不需要治疗

C. 减少运动量对慢阻肺患者很重要

2. 肺功能检查是慢阻肺诊断的“金标准”。长期吸烟的人、40 岁以上的人、反复咳嗽咳痰或长期暴露在油烟（yóuyān，soot）、粉尘等环境中的人，都需要定期做肺功能检查。如果在爬楼梯、做家务时比同龄人更容易出现呼吸困难、胸闷、活动能力下降的情况，要及时去医院进行肺功能检查。

A. 没有出现呼吸困难就不需要做肺功能检查

B. 肺功能检查对慢阻肺的诊断非常重要

C. 常爬楼梯可以预防慢阻肺

（五）写作练习

请根据“任务一”和“任务二”的示例内容，写一份病历摘要。

姓名：王长贵　　性别：男　　年龄：55 岁

科室：呼吸内科　　住院号：43089　　床号：89 床

主诉：

现病史：

既往史：

体格检查：

辅助检查结果：

初步诊断：

治疗意见：

医生签名：

年　月　日

拓展学习

一、词汇

肺部相关词语

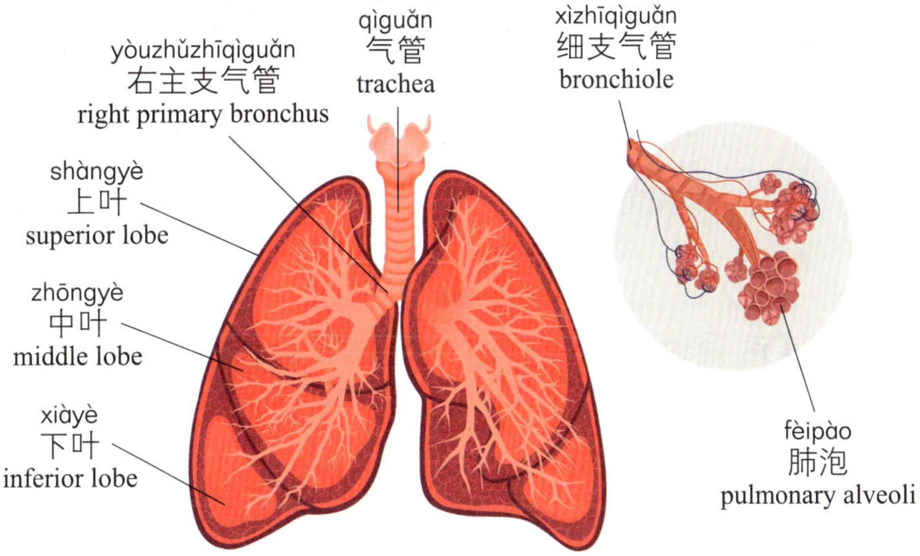

二、阅读

终末期肺病患者的生命希望

一呼一吸，对健康人来说是一件非常平常的事，但对终末期肺病患者来说，却是一件奢侈的事。只有肺移植才能给他们带来生命的新希望。

世界上第一例人体肺移植手术完成于1963年，但该患者仅存活了18天。随着外科技术的进步和抗排异药物的出现，1981年首次成功地为一名特发性肺动脉高压患者进行了肺移植手术。1995年，中国首例肺移植手术取得成功，患者术后存活了5年10个月。现在，中国的肺移植技术已越来越成熟，并建立了几个大型的肺移植中心。

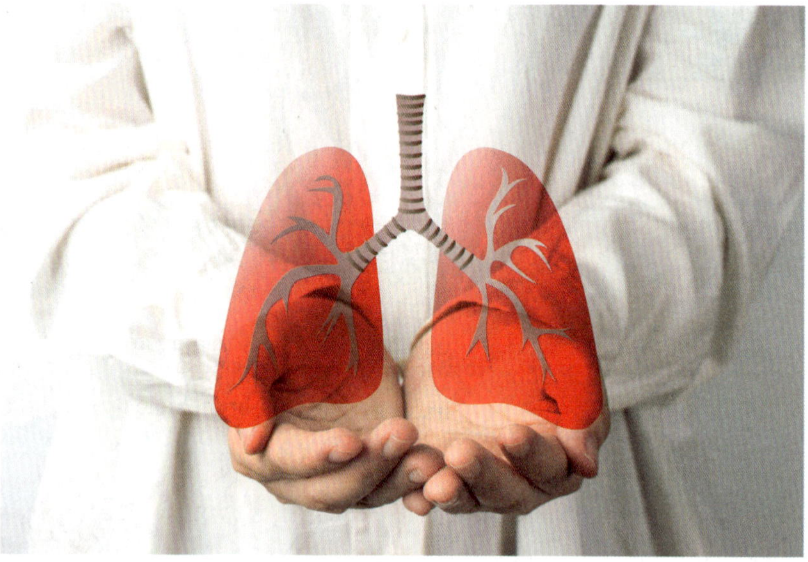

移植器官运输速度的快慢是决定器官移植成败的关键。可移植器官缺血时间越长，移植手术预后就越差。在中国，可移植器官大多由医务人员携带，通过飞机、高铁及公路进行转运。2016 年，中国建立了人体捐献器官转运绿色通道工作机制。该机制有效地缩短了器官转运时间，减少了转运对器官移植质量安全造成的影响。

肺移植不仅是一个高难度的复杂外科手术，还涉及术前、术中、术后的衔接与管理，是一场生命延续的“接力赛”。其中，术前涉及寻找肺源，选择和管理受体，评估、获取和转运供肺等；术中涉及病肺切除及术中肺功能维护等；术后涉及早期并发症的防治、术后管理和康复等。需要肺移植科、胸外科、麻醉科、ICU、呼吸科等科室及护理、康复、营养、心理、药学、输血、检验、病理、影像等多学科团队合作，才能抹掉终末期肺病患者的生命“休止符”，奏响他们生命的新乐章！

（一）重要医学词语

1. 抗排异药物	kàng páiyì yàowù	*n.*	anti-rejection drug
2. 特发性肺动脉高压	tèfāxìng fèidòngmài gāoyā	*n.*	idiopathic pulmonary arterial hypertension
3. 预后	yùhòu	*n.*	prognosis
4. 转运	zhuǎnyùn	*v.*	to transport
5. 肺源	fèiyuán	*n.*	lung source
6. 受体	shòutǐ	*n.*	recipient
7. 供肺	gōngfèi	*n.*	donor lung
8. 输血	shūxuè	*v.*	to transfuse

（二）阅读材料，选择正确答案

1. 世界首例接受肺移植手术的患者存活了多长时间？

   A. 18 天　　B. 10 个月　　C. 5 年　　D. 5 年 10 个月

2. 中国首例成功的肺移植手术是在哪一年完成的？

   A. 1963 年　　B. 1981 年　　C. 1995 年　　D. 2016 年

3. 在中国，一般由谁携带可移植器官进行转运？

   A. 患者家属　　B. 捐献者家属　　C. 医务人员　　D. 交通运输人员

4. 关于肺移植，下列哪项错误？

   A. 中国肺移植手术的数量和术后生存率都已超过发达国家

   B. 可移植器官的缺血时间会影响移植手术预后

   C. 肺移植手术是一项高难度的复杂手术

   D. 肺移植手术需要多科室、多学科团队合作完成

自我评估

一、生词知多少

你认识下列词语吗？如果认识，请在词语前的“□”里画“√”；如果不认识，请再复习复习。

□ 劝	□ 偷偷	□ 护士	□ 晨练
□ 折磨	□ 保养	□ 弹性	□ 融合
□ 破裂	□ 危及	□ 命	□ 烟瘾
□ 忍不住	□ 下不为例	□ 憋	□ 平喘
□ 吸氧	□ 脓痰	□ 化痰	□ 痰培养
□ 支原体	□ 衣原体	□ 病原体	□ 气道
□ 细支气管	□ 别提了	□ 末端	□ 肺泡
□ 肺大疱	□ 肺纹理	□ 肺活量	□ 肺通气量
□ 慢阻肺	□ 肺气肿	□ 肺心病	□ 自发性气胸
□ 对症治疗	□ 病程	□ 气球	□ 厉害
□ 楼梯口			

掌握了 25 个以上：非常好，为你点赞！

掌握了 20 ～ 25 个：不错，继续努力！

掌握了 19 个及以下：好好复习，下次加油！

二、你知道怎么说吗？

你知道下列几种情况应该怎么说吗？如果知道，请在句子前的“□”里画“√”。

□ 向慢阻肺患者或患者家属说明吸烟的危害。

□ 向慢阻肺患者或患者家属说明日常健康管理注意事项。

□ 向患者或患者家属说明慢阻肺病情发展后可能出现的并发症。

第四课

中风了，命都差点儿没了！

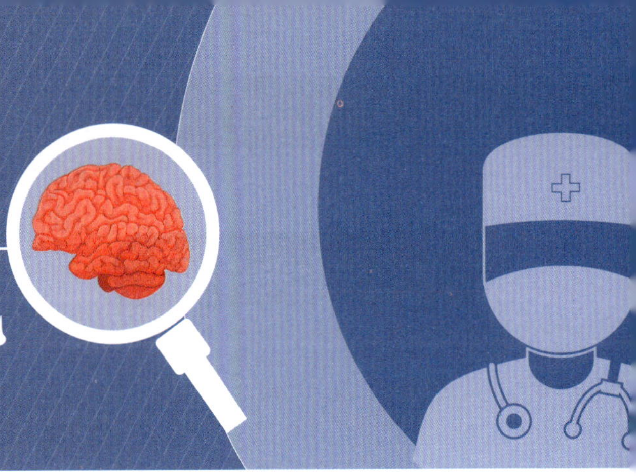

主题热身

一、给下列词语选择对应的图片

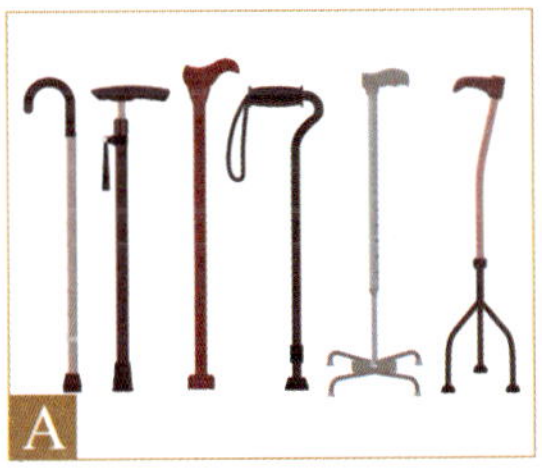
A

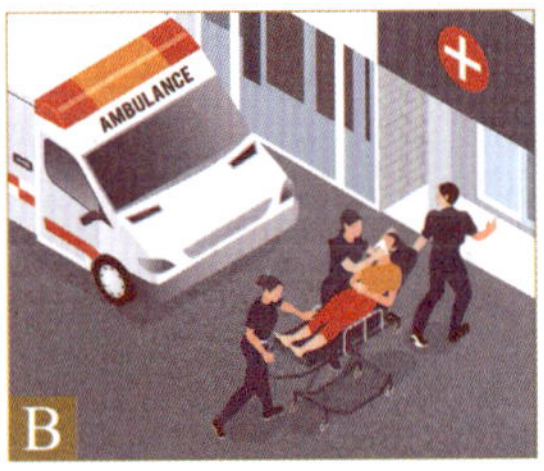

B

C

D

E

F

1. 眼嘴歪斜________　　2. 犯困________　　3. 拐杖________

4. 抬腿________　　5. 偏瘫________　　6. 抢救________

二、听对话，选择正确答案

1. 女的为什么打电话？

A. 叫救护车　　B. 找警察　　C. 叫外卖

2. 女的老伴儿怎么了？

A. 找不到了　　B. 动不了了　　C. 腿摔坏了

3. 女的觉得自己的老伴儿是什么问题？

A. 骨折　　B. 中风　　C. 脑外伤

扫描二维码，获取听力音频

任务学习

任务一 中风的症状与治疗

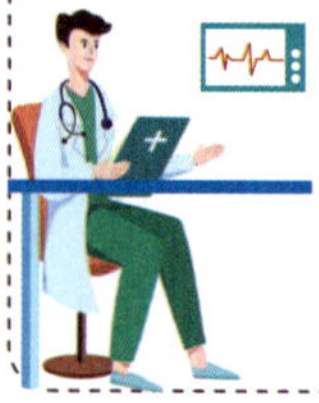

任务描述：在小区遇到最近突发中风的邻居，询问邻居目前的身体情况及发病时的情况。

准备

语言点 1 语气副词：差（一）点儿

读一读

读句子，选择与句子意思一致的一项

他中风了，命都差点儿没了！

A. 他中风后，没有生命危险

B. 他中风后，出现了很危险的情况

C. 他因为中风，命没了

学一学

“差（一）点儿 + 动词”可以用来表示不希望发生的事情几乎发生，而实际上没有发生，有庆幸的意思。

例句

（1）他中风了，命都差一点儿没了！（命还在）

（2）刚才爷爷差点儿摔倒，真危险。（没摔倒）

也可以用来表示希望发生的事情几乎发生，但最终没有发生，有惋惜的意思。动词前面常用“就”。

例句

（3）我就晚了 5 分钟，差一点儿就赶上飞机了！（没赶上飞机）

（4）这次 HSK 考试考了 175 分，差点儿就通过了。（考试没通过）

“差（一）点儿＋没＋动词”常用于表示希望发生的事情几乎不会发生，但最终发生了，有庆幸的意思。

例句

（5）早上起晚了，差一点儿没赶上飞机。（赶上飞机了）

（6）春节回家的人太多了，我差点儿没买到车票。（买到车票了）

练一练

用“差（一）点儿”或“差（一）点儿没”完成句子

（1）刚才太危险了，____________________，以后过马路再不敢看手机了。

（2）可能是低血糖了，____________________，还好我带了几块糖。

（3）今天路上堵车了，______________________________。

语言点 2 假设复句：……，要不然……

读一读

读句子，判断意思理解是否正确

还好送医院送得及时，要不然我现在可能都瘫痪了。

“我”现在已经瘫痪了。（ ）

学一学

“要不然”做连词，用在假设复句中，引出表示结果或结论的小句，表示“如果不这样”“否则”的意思，也可以用“不然（的话）”。

例句

（1）下了飞机我就给妈妈打了个电话，要不然她会一直担心我。

（2）慢阻肺患者一定要戒烟，不然（的话）病情会进一步加重。

练一练

用“要不然”或者“不然（的话）”完成句子

（1）这次我一定要通过 HSK 考试，________________________________。

（2）我建议您尽快接受手术治疗，________________________________。

（3）你最好早点儿出发，________________________________。

示例

- 地点：小区花园
- 业主 1：王达（男，63 岁）
- 业主 2：张昌明（男，75 岁）

扫描二维码，获取课文和生词音频

王　达：老张，好久不见！你的腿怎么了？怎么拄拐杖了？

张昌明：别提了，中风了，命都差点儿没了！

王　达：啊？你平时血压、血糖、血脂都不高，怎么会突然中风啊？

张昌明：我是没有“三高”，可是之前体检发现我颈部动脉有斑块，我没当回事。医生说我这回中风很

生词

1. 拄 zhǔ *v.* to lean on (a stick, etc.)
2. 拐杖 guǎizhàng *n.* walking stick
3. 中风 zhòngfēng *v.* to have a stroke
4. 斑块 bānkuài *n.* plaque

可能就是因为斑块堵塞了血管。

王 达：啊？是吗？我体检也发现有斑块，医生还让我戒烟来着。

张昌明：那你可得注意了，我劝你还是把烟戒了吧！医生说抽烟对血管伤害特别大，会加重动脉粥样硬化和斑块形成，还会增加出现血栓的风险。我这回还好送医院送得及时，要不然现在可能都瘫痪了。

王 达：这么严重啊！那你发病前有什么征兆吗？

张昌明：那天早上起床，我就觉得右边手脚有点儿麻。刚吃完早饭，我就犯困，在沙发上坐着就睡着了。醒来以后，手就抬不起来了，身体右半边感觉都动不了了。我老伴儿说我的嘴也歪了，话也说不清楚了。她赶紧叫救护车把我送到了医院。

王 达：那还好你老伴儿在家啊。要是你一个人在家的时候发病，可

5 伤害 shānghài *v.* to harm

6 瘫痪 tānhuàn *v.* to be paralysed

7 征兆 zhēngzhào *n.* sign

8 麻 má *adj.* numb

9 犯困 fànkùn *v.* to feel sleepy

10 抬 tái *v.* to lift, to raise

11 老伴儿 lǎobànr *n.* (of old married couple) husband or wife

就麻烦了。

张昌明：可不是！听我老伴儿说，到医院的时候我已经不太清醒了。在急诊做了脑部 CT 以后，医生说是脑梗死，还好抢救及时，不然就有生命危险了。

王　达：天啊，这么危险！我看你现在恢复得还可以啊。

张昌明：还行吧。确诊以后，马上用了溶栓药，所以恢复得还不错。现在，就是走路还有点儿吃力，还在做康复训练。

王　达：这已经是不幸中的万幸了！我看你现在走得也还不错，多锻炼锻炼，应该很快就能不用拐杖了。

张昌明：希望吧。

12 可不是　kěbúshi　*adv.*
exactly

13 脑梗死　nǎogěngsǐ　*n.*
cerebral infarction

14 抢救　qiǎngjiù　*v.*
to rescue

15 吃力　chīlì　*adj.*
strenuous

16 不幸中的万幸
búxìng zhōng de wànxìng
a blessing in disguise, silver lining

活动

答一答

（1）老张为什么拄拐杖了？

（2）老张是怎么到医院的？

（3）被送到医院后，医生给老张做了什么检查？诊断为什么病？

说一说

小组讨论：下列哪些因素容易引发中风？请在对应因素前的“□”里画“√”。如果你们认为还可能有其他因素，请写在下面。

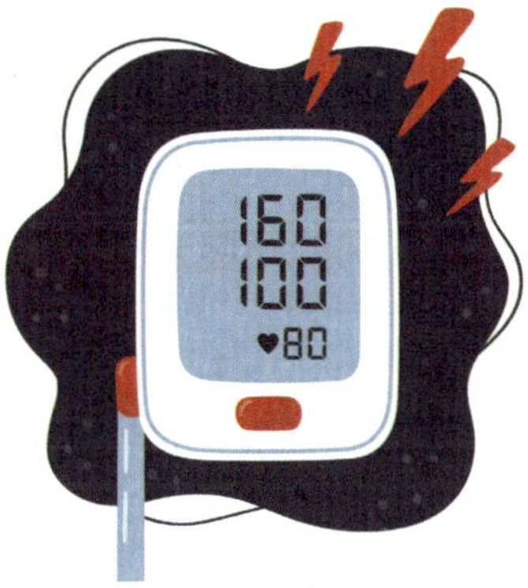

□ 高血压

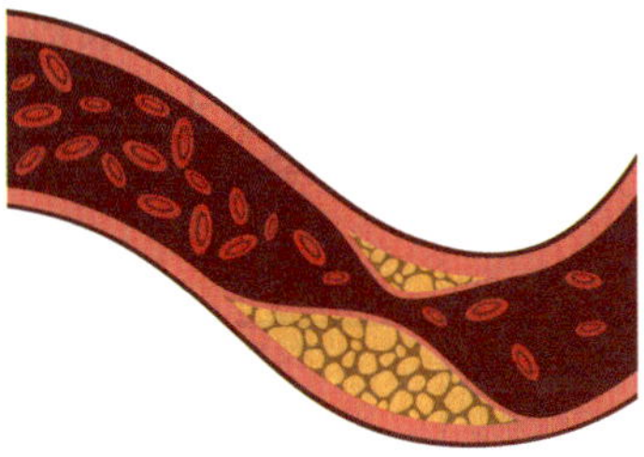

□ 高血脂

□ 高血糖

□ 长期吸烟

□ 酗酒

□ 过度肥胖

其他因素：________________________________

读一读

读报告单，选择正确答案

CT 检查报告单

姓名：张昌明	性别：男	年龄：75 岁
申请科室：急诊科	检查部位：头颅	
检查设备：CT99	检查时间：×× 年 ×× 月 ×× 日	

检 查 技 术：CT

影像学所见：脑干、右侧脑桥见多发斑片斑点状稍长 T1 稍长 T2 信号，边界尚清，弥散可见明显受限。双侧脑室旁脑白质区见斑片状长 T2 高信号影，双侧脑室增宽，中线结构居中。

影像学诊断：1. 脑干、右侧脑桥多发异常信号灶，考虑急性脑梗死可能，请结合临床。

2. 脑萎缩，脑白质变性。

报告医生：王丽芳　　审核医生：李华明　　复核医生：张民生

（1）患者脑部什么部位可能发生了急性脑梗死？

A. 脑白质　　B. 脑干　　C. 脑室　　D. 间脑

（2）除了急性脑梗死，患者脑部还有什么异常？

A. 脑瘫　　B. 脑疝　　C. 脑萎缩　　D. 脑脓肿

任务二　脑卒中知识宣教

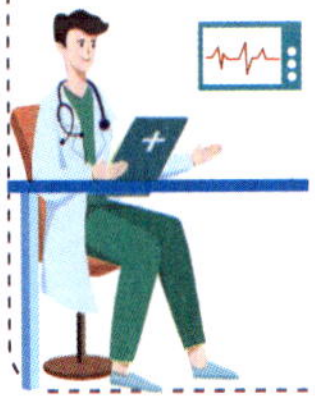

任务描述： 介绍脑卒中及脑卒中患者送医时的注意事项。

准备

语言点 1　下定义的表达：……被称为……

读一读

读句子，选择与句子意思不一致的一项

由脑血管突然破裂引起的脑卒中被称为出血性脑卒中。

A. 脑血管突然破裂就是出血性脑卒中

B. 由脑血管突然破裂引起的脑卒中被叫作出血性脑卒中

C. 出血性脑卒中指由脑血管突然破裂引起的脑卒中

学一学

“A 被称为 B” 的意思与 “A 被叫作 B” 一样，常用于下定义。其中，“A” 为定义，“B” 为被定义的名词。也可以用 “B 指 A” 或者 “B 是 A” 来下定义。

例句

（1）肺与外界环境之间的气体交换过程被称为肺通气。

（2）慢性肾功能衰竭的终末期被称为尿毒症。

练一练

用 “……被称为……” 改写句子

（1）糖尿病肾病是由糖尿病引起的肾脏疾病。

____

（2）肺活量指在尽力吸气后，从肺内所能呼出的最大气量。

____

（3）血管性痴呆是脑血管病变或血管危险因素引起脑损伤所致的痴呆。

____

语言点 2　连词：而

读一读

读句子，选择可以替换句中加点词语的一项

这类患者不会出现运动或语言障碍，而会出现认知障碍。

A. 而且　　B. 并　　C. 却

学一学

“……，而……”中的“而”作为转折复句中的连词，连接两个小句，表示前后连接的是相对或相反的两件事。有时，“而”的前后两个小句一个是肯定的，一个是否定的，表示对比说明两件事或一件事的两个方面。“而”只能用在后一小句的句首。

例句

（1）缺血性脑卒中应尽快使用溶栓药，而出血性脑卒中不能使用溶栓药。

（2）中国北方人喜欢吃面，而南方人喜欢吃米。

练一练

用“而”完成句子

（1）我觉得这个问题的关键不在费用，______________________________。

（2）现在，南方已经春暖花开，______________________________。

（3）别的大夫都建议我接受手术治疗，______________________________。

示例

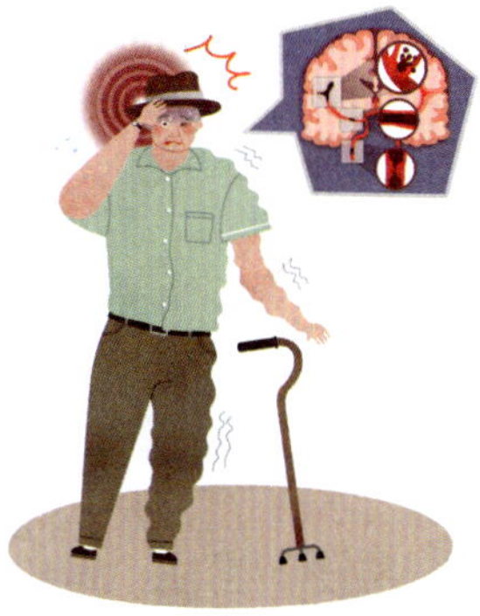

扫描二维码，获取课文和生词音频

脑卒中，俗称“中风”，是一种急性脑血管疾病，可分为出血性脑卒中和缺血性脑卒中。由脑血管突然破裂引起的脑卒中被称为出血性脑卒中；由脑部血管阻塞引起的脑卒中被称为缺血性脑卒中，也叫“脑梗死”。

脑卒中发病急，病情进展迅速，脑细胞在缺血、缺氧状态下几分钟就会开始死亡。根据脑组织受损部位和面积的不同，患者可能出现偏瘫、失语、痴呆等后遗症，丧失生活自理能力，导致生活质量受到严重影响。脑卒中不可自愈。早发现、早治疗，能在最大程度上减少脑卒中患者的脑组织损伤和神经功能丧失。一旦发现患者出现面部麻木或眼嘴歪斜、单侧或双侧肢体无力、语言表达障碍等症状中的任何一种，就应尽

生词

1. 脑卒中 nǎocùzhòng *n.* cerebral apoplexy
2. 进展 jìnzhǎn *v.* to make progress
3. 迅速 xùnsù *adj.* rapid
4. 死亡 sǐwáng *v.* to die
5. 受损 shòusǔn *v.* to be damaged
6. 面积 miànjī *n.* area, space
7. 偏瘫 piāntān *v.* to suffer from hemiplegia
8. 失语 shīyǔ *v.* to suffer from aphasia
9. 痴呆 chīdāi *n.* dementia
10. 后遗症 hòuyízhèng *n.* sequelae
11. 丧失 sàngshī *v.* to lose
12. 自理 zìlǐ *v.* to take care of oneself
13. 麻木 mámù *adj.* numb
14. 歪斜 wāixié *adj.* askew, slanting
15. 无力 wúlì *v.* to feel weak
16. 障碍 zhàng'ài *v.* to be in disorder

快送医。除了以上几种脑卒中的典型症状以外，如患者突然出现嗜睡、精神疲倦、目光呆滞、记忆力减退等症状，也应引起重视，及时就医。因为如果脑卒中发生在影响患者认知功能的区域，比如丘脑，患者可能并不会出现运动或语言障碍，而会出现行为异常或认知障碍。这种情况很容易被忽视，导致患者错过治疗的黄金时间，引起血管性痴呆等并发症。

17 疲倦 píjuàn *adj.* fatigued
18 目光 mùguāng *n.* look, gaze
19 呆滞 dāizhì *adj.* dull
20 认知 rènzhī *n.* cognition
21 区域 qūyù *n.* region, area
22 丘脑 qiūnǎo *n.* thalamus
23 错过 cuòguò *v.* to miss
24 黄金 huángjīn *adj.* golden

Note：
血管性痴呆

扫描二维码，获取注释内容

活动

答一答

（1）什么是出血性脑卒中？什么是缺血性脑卒中？
（2）发生在什么区域的脑卒中很容易被忽视？为什么？

说一说

（1）**小组讨论：**脑卒中患者发病前可能出现哪些征兆？对脑卒中的治疗来说，什么是最重要的？

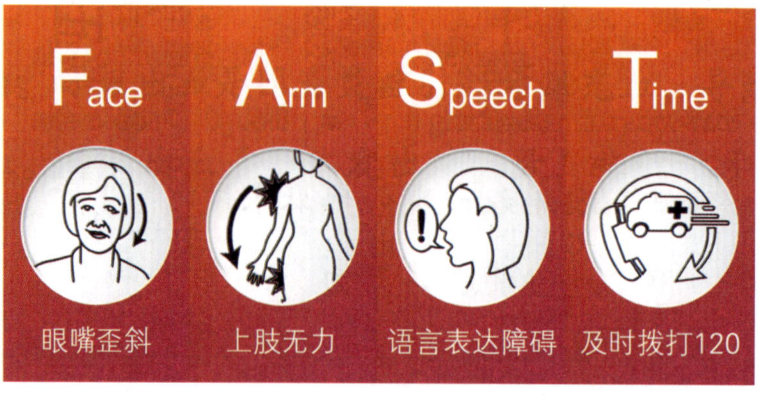

（2）**想一想**：下列两组句子中，A、B 两段话的意思一样吗？如果你要向上级医生汇报患者的情况，A、B 两种表述方式哪种更合适？两种表述方式有什么不一样？

① A：病人说感觉脸麻，右手和右腿都没什么力气。病人家属发现病人的嘴歪了，说话也不太清楚。

B：患者出现了面部麻木、右侧肢体无力、嘴角歪斜、语言表达障碍的症状。

② A：病人家属说病人最近常常忘事，眼睛总是呆呆地看着什么地方，看起来人没什么精神，好像很累的样子。病人还总想睡觉，一睡就睡很长时间。

B：患者出现了记忆力减退、目光呆滞、精神疲倦、嗜睡的症状。

（3）**成段表达**：请根据“任务二”的示例内容，向患者家属介绍脑卒中这种疾病。

脑卒中是一种……，可分为……和……。……被称为……，……被称为……。脑卒中患者可能出现……、……、……等后遗症，……生活……能力。脑卒中不可……。早发现、早治疗，能……减少……和……。一旦患者出现……或……、……、……等症状中的任何一种，就应……。此外，如果患者突然出现……、……、……、……等症状，也应……，及时就医。因为如果脑卒中发生在……，患者可能不会出现……，而会出现……。

演一演

小组活动：两人一组，根据场景提示，使用下列词语模拟患者家属与急诊医生的对话。

场景提示：患者突发脑梗死被送到急诊科，急诊医生向患者家属询问患者病史和症状，并告知治疗方案。

溶栓药、抢救、脑梗死、后遗症、瘫痪、斑块、中风、动脉硬化、血栓、自理、要不然

任务操练

实践

脑卒中会导致哪些后遗症？脑卒中会引起痴呆吗？请你查一查相关资料，拍个科普小视频或者写一篇科普小短文，说一说脑卒中与血管性痴呆的关系。

练习

（一）词语搭配

1. 丧失
2. 血管
3. 生活
4. 精神
5. 目光

A. 自理
B. 呆滞
C. 疲倦
D. 劳动能力
E. 堵塞

（二）选择正确的词语填空

1. 抽烟对血管（1）________特别大，会加重动脉粥样硬化和斑块（2）________，还会（3）________出现血栓的风险。

（1）A. 破坏 B. 伤害 C. 有害 D. 受损

（2）A. 形成 B. 造成 C. 合成 D. 组成

（3）A. 提高 B. 升高 C. 增多 D. 增加

2. 这种情况很容易被（1）________，导致患者（2）________治疗的黄金时间，留下严重的（3）________。

（1）A. 重视 B. 弱视 C. 忽视 D. 注视

（2）A. 忘记 B. 远离 C. 影响 D. 错过

（3）A. 并发症 B. 后遗症 C. 综合征 D. 合并症

3. 记忆力（1）________是痴呆的核心症状。患者早期会出现近记忆障碍，严重的（2）________会找不到回家的路。随着病情的进一步发展，远记忆也会受损，可能（3）________熟悉的家人都不认识了。

（1）A. 衰竭 B. 减轻 C. 消失 D. 减退

（2）A. 不仅 B. 甚至 C. 类似 D. 反而

（3）A. 也 B. 而 C. 连 D. 却

（三）用指定词语或结构完成对话

1. 实 习 生：老师，什么是脑梗死？

带教医生：脑梗死是脑卒中的一种，________________。（……被称为……）

2. 家属：王大夫，我爸爸一定得做手术吗？

医生：我们建议________________________。（……，要不然……）

3. 老张：听说老李中风了，昨天中午被救护车送去医院抢救了。

老王：我也听说了。好像挺严重的，________________________。（差点儿）

（四）阅读语段，选择与语段意思一致的一项

1. 脑卒中，俗称“中风”。由脑血管阻塞引起的脑卒中叫作缺血性脑卒中，也叫“脑梗死”或者“脑梗”。高血压、高血脂、高血糖都可能引起颅内或颈部动脉粥样硬化，导致斑块形成、血管狭窄，诱发脑梗死。

   A. 中风就是脑梗死

   B. 高血压患者的血管都比较狭窄

   C. 颅内或颈部动脉粥样硬化可能诱发脑梗死

2. 脑梗死早期患者一般意识清醒，没有特定的症状。具体症状与梗死部位、面积等有关。对脑梗死患者来说，时间就是生命，治疗是否及时直接决定了治疗效果的好坏。同时，脑梗死的复发率较高。脑梗死患者康复后，应注意规律生活、戒烟戒酒、低盐低脂饮食，还应严格按照医嘱服药，控制血压，定期复查。

   A. 脑梗死患者都会出现意识模糊的症状

   B. 对脑梗死患者来说，越早治疗，治疗的效果越好

   C. 脑梗死不容易复发

（五）写作练习

请根据“任务一”和“任务二”的示例内容，写一篇关于社区老年人脑卒中预防讲座的讲话稿。

> 大家好！
>
> 我是……

拓展学习

一、词汇

脑部相关词语

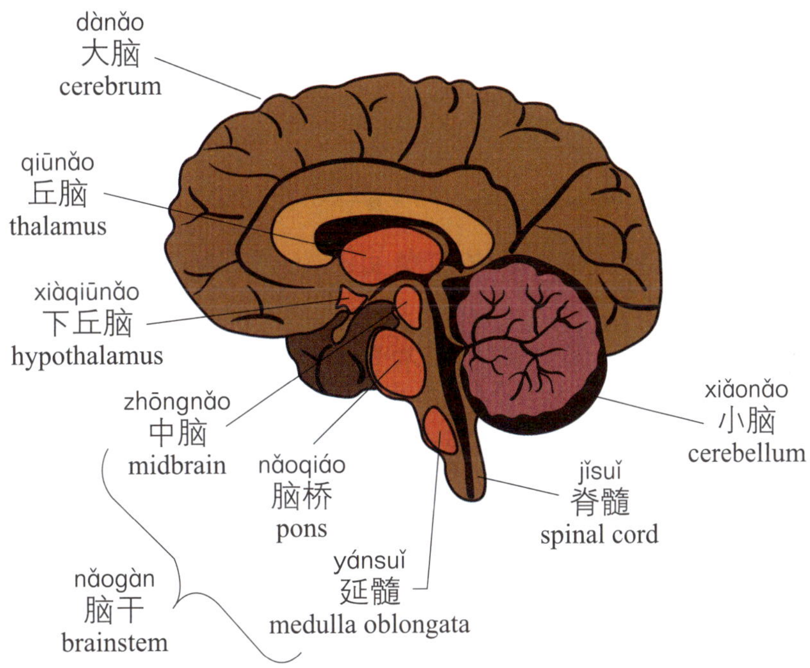

二、阅读

卒中急救，争分夺秒

脑卒中，俗称“中风”，是由大脑血管突然阻塞或破裂出血造成大脑缺血、缺氧而引起的一种脑血管疾病。脑卒中具有发病率高、致残率高、病死率高、复发率高的特点。脑卒中发生后，脑细胞会因无法获得所需的氧气供给而在数分钟内停止工作甚至死亡，进而导致所控制的相应身体部位出现功能障碍。因此，脑卒中治疗的关键是要在脑组织出现坏死之前尽快恢复正常的血流，降低神经细胞及其功能的受损程度。对脑卒中患者来说，时间就是生命。在缺血性脑卒中发病后的 4.5 小时内进行静脉溶栓治疗，或在 6 小时内接受血管内治疗，可以有效降低死亡风险，改善预后。

为了保证脑卒中患者能得到及时有效的救治，中国在全国省、市、县三级医院开展了多学科融合的卒中中心建设。通过整合神经内科、神经外科等科室及介入、急诊、重症、康复、护理、医技等多学科资源，脑卒中规范化诊疗能力和水平得到了提升。到目前为止，中国已成立各级卒中中心 2700 余家，并发布了中国卒中急救地图。患者通过“卒中地图”微信公众号或小程序，可快速定位卒中中心，并一键拨打 120 呼救。卒中急救地图通过整合卒中中心定位、院前急救和院内绿色通道功能，努力实现“三个 1 小时”的卒中急救时间窗，即发病到呼救不超过 1 小时、院前转运不超过 1 小时、入院到给药不超过 1 小时，在最大程度上降低脑卒中的致残率和病死率。

（一）重要医学词语

1. 致残率	zhìcánlǜ	*n.*	disability rate
2. 救治	jiùzhì	*v.*	to treat and cure
3. 规范化	guīfànhuà	*v.*	to standardize
4. 定位	dìngwèi	*v.*	to locate
5. 呼救	hūjiù	*v.*	to call for help

（二）阅读材料，选择正确答案

1. 下列哪项不是脑卒中的特点？

A. 病死率高　　B. 致残率高　　C. 复发率高　　D. 治愈率高

2. 在缺血性脑卒中发病后多长时间内进行静脉溶栓治疗，可以有效改善预后？

A. 2.5 小时　　B. 3.5 小时　　C. 4.5 小时　　D. 6.5 小时

3. 关于中国的卒中中心，下列哪项说法错误？

A. 中国在全国省、市、县三级医院中都开展了卒中中心建设

B. 卒中中心包括神经内科、神经外科两个科室

C. 目前中国已成立各级卒中中心 2700 多家

D. 患者通过“卒中地图”可以找到卒中中心，并直接拨打 120

4. “三个 1 小时”的卒中急救时间窗不包括下列哪项？

A. 发病到呼救不超过 1 小时

B. 院前转运不超过 1 小时

C. 入院到给药不超过 1 小时

D. 入院到确诊不超过 1 小时

自我评估

一、生词知多少

你认识下列词语吗？如果认识，请在词语前的“□”里画“√”；如果不认识，请再复习复习。

□ 拄	□ 抬	□ 老伴儿	□ 拐杖
□ 进展	□ 迅速	□ 区域	□ 错过
□ 黄金	□ 面积	□ 丧失	□ 歪斜
□ 伤害	□ 征兆	□ 目光	□ 认知
□ 障碍	□ 自理	□ 受损	□ 吃力
□ 无力	□ 疲倦	□ 犯困	□ 麻木
□ 呆滞	□ 瘫痪	□ 偏瘫	□ 失语
□ 痴呆	□ 死亡	□ 抢救	□ 斑块
□ 丘脑	□ 脑卒中	□ 中风	□ 脑梗死
□ 后遗症	□ 麻	□ 可不是	□ 不幸中的万幸

掌握了 25 个以上：非常好，为你点赞！

掌握了 20 ～ 25 个：不错，继续努力！

掌握了 19 个及以下：好好复习，下次加油！

二、你知道怎么说吗？

你知道下列几种情况应该怎么说吗？如果知道，请在句子前的“□”里画“√”。

□ 描述脑卒中患者发病时的症状。

□ 说明缺血性脑卒中和出血性脑卒中的区别。

□ 说明脑卒中治疗的重点。

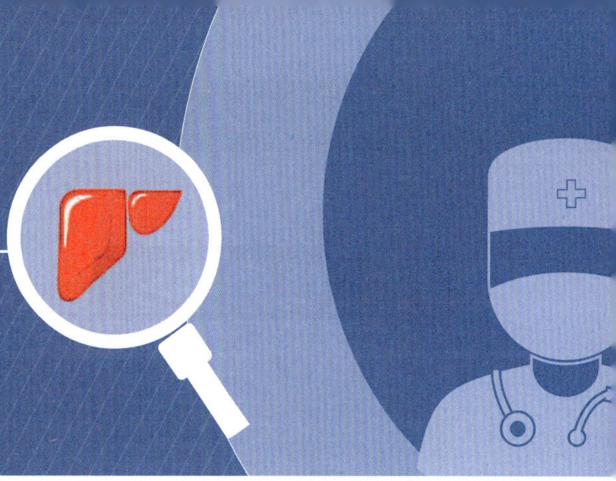

第五课

我爸得了肝癌吗？

主题热身

一、给下列词语选择对应的图片

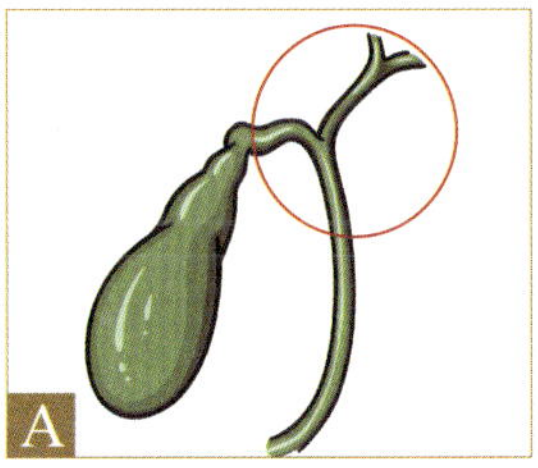

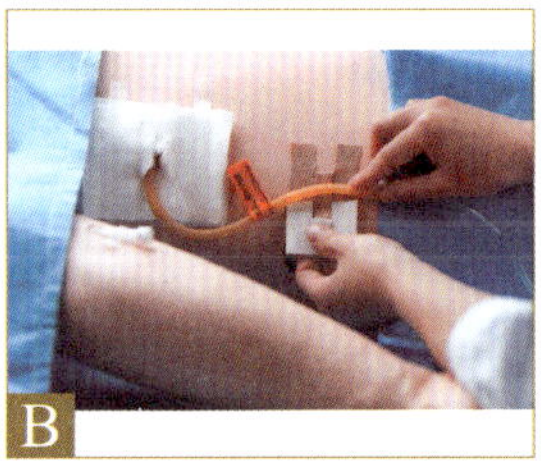

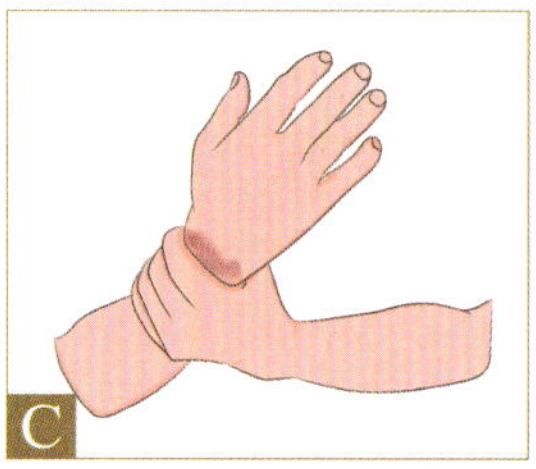

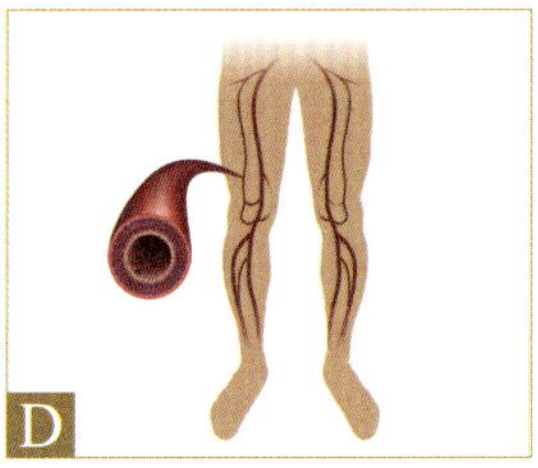

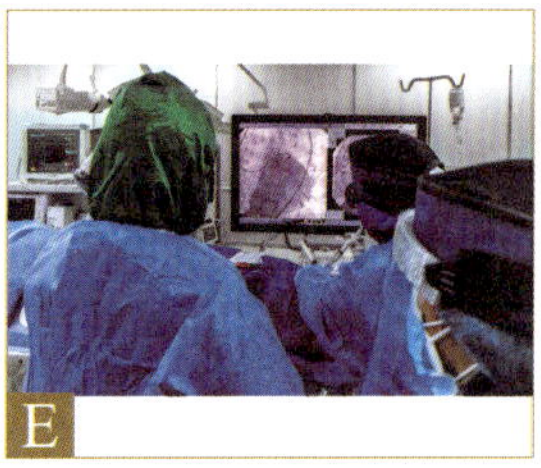

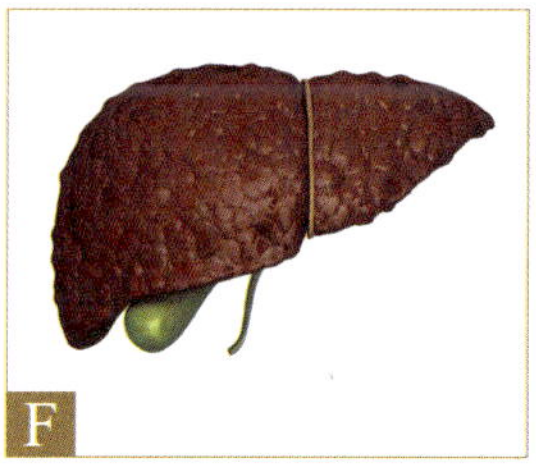

1. 肝纤维化________　　2. 手腕________　　3. 介入治疗________

4. 胆管________　　5. 股动脉________　　6. 引流________

二、听对话，选择正确答案

1. 爸爸最近怎么了？

   A. 胃口不好　　B. 眼睛不舒服　　C. 在减肥

2. 爸爸一开始为什么不来吃饭？

   A. 想看电视　　B. 没有好吃的菜　　C. 没有食欲

3. 女儿觉得爸爸最近的脸色怎么样？

   A. 发黄　　B. 发白　　C. 发红

扫描二维码，获取听力音频

任务学习

任务一　肝癌的诊断

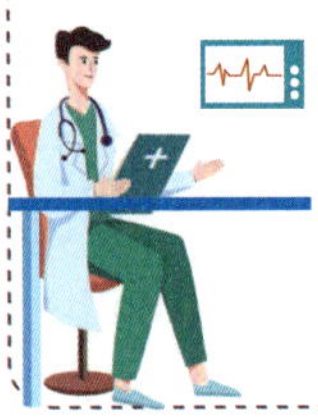

任务描述：肝胆外科医生为患者家属说明患者的各项检查结果及考虑患者为肝癌的原因。

准备

语言点 1　让步复句：哪怕……，也 / 还……

读一读

读句子，判断意思理解是否正确

哪怕中午不吃饭，晚上也不觉得饿。

因为中午没吃饭，所以晚上觉得很饿。（　　）

学一学

“哪怕……，也 / 还……”结构中，前一个分句常表示一种假设的情况，后一个分句表示结果或结论不受前面假设情况的影响。

例句

（1）哪怕天气不好，我也要去。

（2）今天时间还早，哪怕再晚半个小时出发，也来得及。

（3）哪怕只有一线希望，我们还是要试一试。

练一练

用“哪怕……，也 / 还……”完成句子

（1）______________________________，也要常给父母打电话。

（2）我很喜欢这件衣服，哪怕不打折，______。

（3）哪怕是癌症晚期，______。

语言点 2　口语格式：说什么 / 怎么（着）也得……

读一读

读句子，判断意思理解是否正确

大夫，您说什么也得救救我爸。

她请求大夫一定要救她爸爸。（　　）

学一学

“说什么 / 怎么（着）也得……”是一种口语常用格式，强调在任何条件或情况下都必须做某事。

例句

（1）你帮了我这么大的忙，说什么也得让我请你吃顿饭。

（2）我已经三年没回家过年了，今年过年我说什么也得回家看看。

（3）今天是我太太的生日，我怎么着也得准时下班回去。

练一练

用“说什么 / 怎么（着）也得……”改写句子

（1）你咳得这么厉害，一定不能再抽烟了。

______

（2）你中午就没吃饭，这样可不行，晚饭一定要吃。

______

（3）虽然肝癌是一种比较难治的病，但你也不能放弃治疗。

______

示例

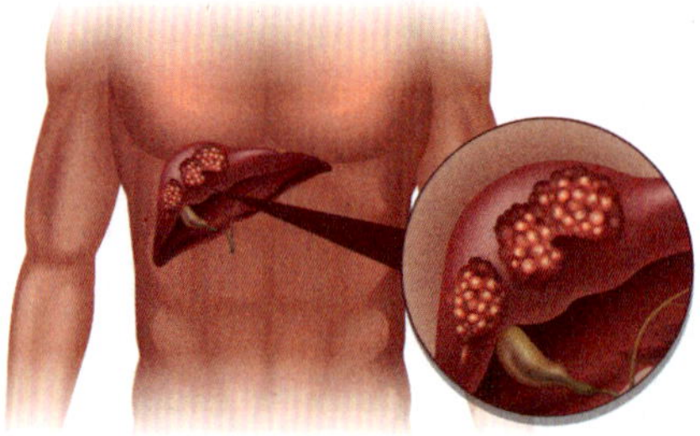

扫描二维码，获取课文和生词音频

- 科室：肝胆外科（门诊）
- 医生：林明（主治医师）
- 患者家属：陈静（患者女儿）

陈静：林大夫，您好！我爸的检查报告都出来了。他的彩超报告上写的“肝占位性病变”，是什么意思啊？您能解释一下儿吗？

林明：肝占位，简单地说，就是肝区肿瘤。

陈静：肿瘤？您是说我爸得癌症了吗?！

林明：占位性病变不一定都是恶性的，也可能是肝囊肿、肝脓肿、肝血管瘤等良性病变。其他检查结果出来了吗？

陈静：出来了。好多项指标都不正常！您看。

林明：胆红素、转氨酶这么高啊！他这已经是重度黄疸了。

陈静：怪不得他的脸色那么黄。这个甲胎蛋白是什么啊？怎么也这么高？

林明：甲胎蛋白显著升高可不是好事！甲胎蛋白主要用于诊断原发性肝

生词

1. 占位性病变 zhànwèixìng bìngbiàn *n.* space occupying lesion
2. 解释 jiěshì *v.* to explain
3. 肝囊肿 gānnángzhǒng *n.* hepatic cyst
4. 肝脓肿 gānnóngzhǒng *n.* liver abscess
5. 肝血管瘤 gānxuèguǎnliú *n.* liver hemangioma
6. 良性 liángxìng *adj.* benign
7. 指标 zhǐbiāo *n.* index
8. 胆红素 dǎnhóngsù *n.* bilirubin
9. 重度 zhòngdù *adj.* severe
10. 甲胎蛋白 jiǎtāidànbái *n.* alpha-fetoprotein
11. 显著 xiǎnzhù *adv.* remarkably

癌。结合您父亲食欲不振、体形消瘦等症状，我们考虑他患肝癌的可能性比较大。

陈静：啊?！怎么会这样？我爸身体一直都很好啊！除了最近气色不好以外，也没什么不舒服。

林明：肝癌患者早期症状一般都不太明显。您父亲有乙肝病史，乙肝两对半一直是“小三阳”。乙肝病毒会导致肝组织纤维化，甚至癌变。

陈静：我知道他以前得过肝炎，可是我一直以为他已经好了。都是我不好，我该早点儿带他来看的。哪怕让他去做个体检，也能早点儿发现啊。林大夫，您说什么也得救救我爸。

林明：您先冷静冷静。您父亲现在的肝功能很差，需要住院治疗。另外，我建议再给他做个核磁共振，明确一下儿诊断。您看怎么样？

陈静：好的，好的。我们一定积极配合治疗。

12 体形　tǐxíng　*n.*　physical shape

13 气色　qìsè　*n.*　complexion

14 乙肝两对半　yǐgān liǎngduìbàn　*n.*　hepatitis B serologic test

15 纤维化　xiānwéihuà　*v.*　to have fibrosis

16 冷静　lěngjìng　*adj.*　calm

Note:

1. 甲胎蛋白　2. 乙肝两对半

扫描二维码，获取注释内容

活动

答一答

（1）患者彩超检查的结果怎么样？

（2）医生为什么认为患者患肝癌的可能性大？

（3）慢性肝炎与肝癌之间有什么关系？

说一说

小组讨论：肝占位性病变就是肝恶性肿瘤吗？你们认为一般要做下列哪些检查才能确诊肝癌？请在对应检查前的“□”里画“√”。如果你们认为还要做其他检查，请写在下面。

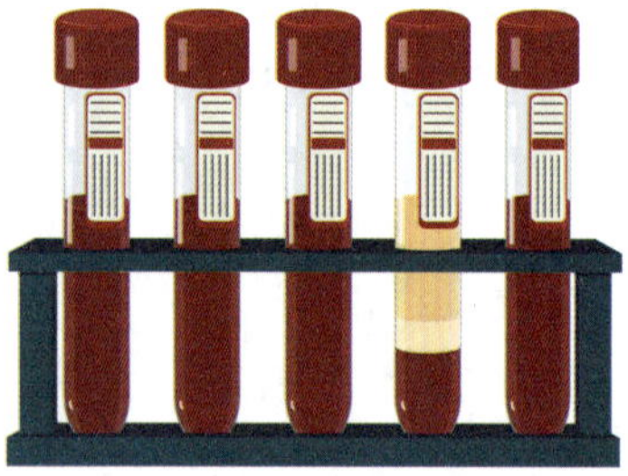

□ 生化检查

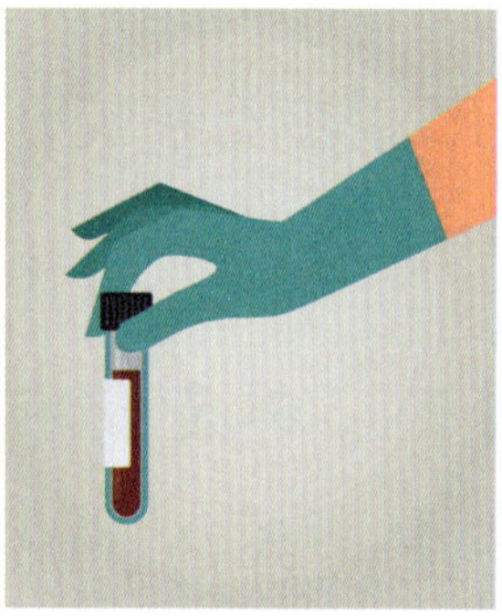

□ 甲胎蛋白

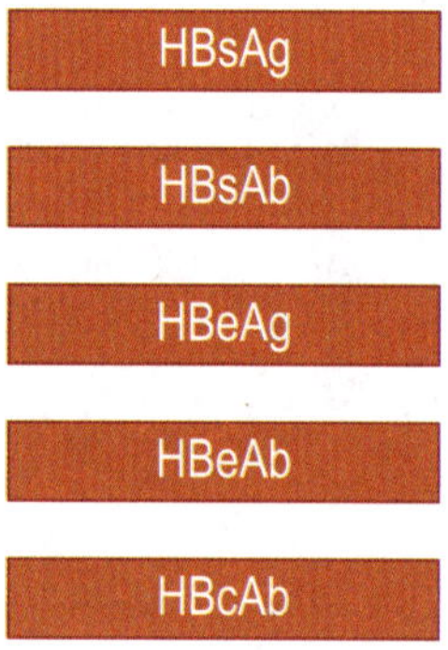

□ 乙肝两对半

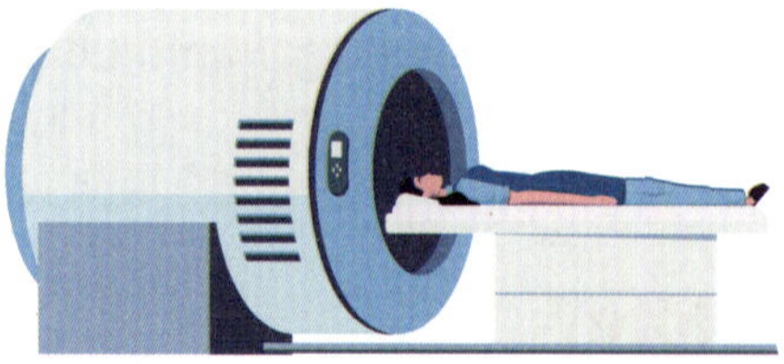

□ 核磁共振

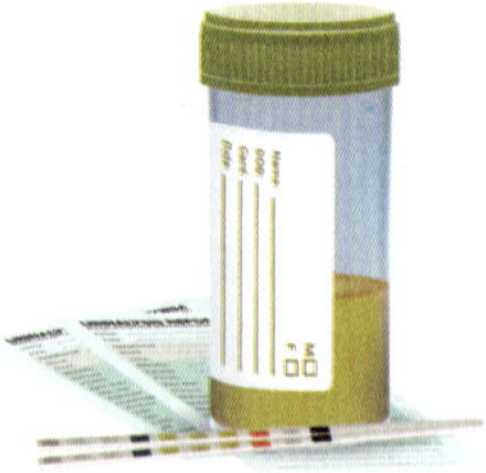

□ 尿常规

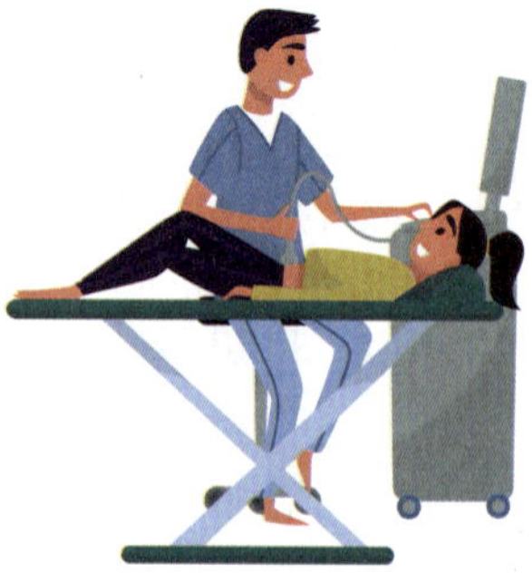

□ 腹部彩超

其他检查：________________________________

读一读

读报告单，判断正误

检验报告单

姓名：陈辉　　性别：男　　年龄：65 岁
申请科室：肝胆外科　　诊断：肝肿物
检验项目：肝功能　　样本类型：血清

序号	项目	结果	参考值	单位
1	总胆红素	255.9 ↑	2.0 ～ 22.0	umol/L
2	直接胆红素	113.5 ↑	0.0 ～ 8.0	umol/L
3	间接胆红素	138.4 ↑	0.0 ～ 20.0	umol/L
4	总蛋白	37.0 ↓	60.0 ～ 84.0	g/L
5	白蛋白	20.0 ↓	35.0 ～ 54.0	g/L
6	球蛋白	17.0 ↓	20.0 ～ 35.0	g/L
7	白球比例	1.08 ↓	1.09 ～ 2.50	
8	谷丙转氨酶	380.0 ↑	0.0 ～ 40.0	IU/L
9	谷草转氨酶	467.0 ↑	0.0 ～ 37.0	IU/L

申请时间：×× 年 ×× 月 ×× 日　　接收时间：×× 年 ×× 月 ×× 日
采样时间：×× 年 ×× 月 ×× 日

姓名：陈辉　　性别：男　　年龄：65 岁
申请科室：肝胆外科　　诊断：肝肿物
检验项目：甲胎蛋白　　样本类型：血清

序号	项目	结果	参考值	单位
1	甲胎蛋白	929.3 ↑	＜20.0	ng/mL

申请时间：×× 年 ×× 月 ×× 日　　接收时间：×× 年 ×× 月 ×× 日
采样时间：×× 年 ×× 月 ×× 日

（1）甲胎蛋白是生化全套检查中的一项。（　　）

（2）患者做这些检查都要抽血。（　　）

（3）患者的胆红素、转氨酶指标都比正常值高了很多。（　　）

任务二　肝癌的介入治疗

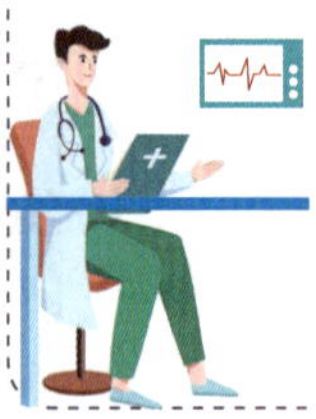

任务描述：肝胆外科实习生向同学介绍所负责的肝癌患者的病情和治疗方案。

准备

语言点　转折复句：尽管……，但是 / 可是 / 却……

读一读

读句子，判断意思理解是否正确

这个病人尽管目前不具备进行手术治疗的条件，但是介入治疗后还是有可能获得手术机会的。

这个病人没有接受手术治疗的可能。（　　）

学一学

“尽管……，但是 / 可是 / 却……”可用于连接转折复句。“尽管”一般用在复句的前一个分句，用于提出一个已经存在的事实，后一个分句中常用“但是 / 可是 / 却”表示与前一分句所陈述事实相反的情况。“尽管”可以出现在主语前，也可以出现在主语后。

例句

（1）尽管手术有很大的风险，但是我们还是愿意试一试。

（2）尽管我们不能见面，可是我们的心一直在一起。

（3）这个礼物尽管很便宜，对我们来说，却有特别的意义。

练一练

用“尽管……，但是 / 可是 / 却……”完成句子

（1）尽管张大夫年纪已经很大了，________________________________。

（2）________________________________，但我们还是顺利完成了手术。

（3）尽管已经确诊是胃癌晚期了，________________________________。

示例

- 地点：实习生宿舍
- 实习生 1：阿布（肝胆外科实习生）
- 实习生 2：安东尼（胃外科实习生）

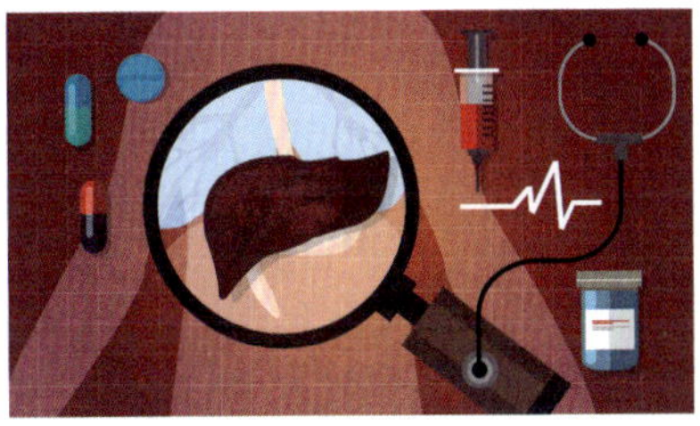

扫描二维码，获取课文和生词音频

安东尼：阿布，你在那儿看什么呢？

阿　布：我在看病历呢。明天早上查房，我得跟主任汇报病情。

安东尼：你这个月在肝胆外科吧？你前两天收治的那个重度黄疸的病人情况怎么样了？

阿　布：今天又给他复查了 CT，考虑是原发性结节型肝癌。肿瘤直径已经超过了 10 cm，还压迫了胆总管，导致胆汁淤积，所以病人出现了重度黄疸。

安东尼：那属于巨大肝癌了吧？

生词

1. 收治　shōuzhì　*v.*　(of hospitals) to admit and treat (a patient)
2. 原发性结节型肝癌　yuánfāxìng jiéjiéxíng gān'ái　*n.*　primary nodular liver cancer
3. 胆汁淤积　dǎnzhī yūjī　*n.*　cholestasis
4. 巨大　jùdà　*adj.*　huge

阿　布：嗯，是的。主任说这么大的肿瘤，位置又靠近肝包膜和脾，有肝癌结节破裂的可能。让我一定要密切关注病人有没有出现腹痛加重的情况。

安东尼：这么大的肿瘤还能切除吗？

阿　布：这个病人重度黄疸，总蛋白又低，营养状况也不好，耐受大手术的可能性小。昨天先给他做了胆管引流，改善肝功能。主任说尽管目前病人不具备进行手术治疗的条件，但是介入治疗后还是有可能获得手术机会的。因为有些不适应手术切除的巨大肝癌在介入治疗后，肿瘤可能会缩小。

安东尼：肝癌也可以做介入治疗啊？

阿　布：是的。介入治疗可以通过大腿的股动脉或者手腕的桡动脉插管到肝动脉，把化疗药物、血管

5 靠近 kàojìn *v.* to be close to
6 肝包膜 gānbāomó *n.* Glisson's capsule
7 总蛋白 zǒngdànbái *n.* total protein
8 状况 zhuàngkuàng *n.* status
9 耐受 nàishòu *v.* to tolerate
10 引流 yǐnliú *v.* to drain
11 具备 jùbèi *v.* to possess
12 介入治疗 jièrù zhìliáo *n.* interventional therapy
13 获得 huòdé *v.* to gain
14 适应 shìyìng *v.* to adapt to
15 缩小 suōxiǎo *v.* to shrink, to become smaller
16 股动脉 gǔdòngmài *n.* femoral artery
17 手腕 shǒuwàn *n.* wrist
18 桡动脉 ráodòngmài *n.* radial artery
19 插管 chāguǎn *v.* to intubate

栓塞剂注射到肿瘤血管。

安东尼：那到时候你可以去看看他这个介入治疗是怎么做的呀。

阿　布：我是想去学习学习。不过，主任说还要再给病人做个核磁共振，明确一下儿肿瘤与肝门静脉、下腔静脉等血管的关系，看看是否存在门静脉癌栓。具体的治疗方案要等检查结果出来才能确定呢。

安东尼：那要是你有机会去介入科学习，叫上我一起去，可以吗？

阿　布：好的，没问题。

⑳ 栓塞剂　shuānsèjì　*n.*　embolic agent

㉑ 肝门静脉　gān ménjìngmài　*n.*　hepatic portal vein

㉒ 下腔静脉　xiàqiāng jìngmài　*n.*　inferior vena cava

㉓ 癌栓　áishuān　*n.*　tumor thrombus

Note:

1. 栓塞剂　2. 门静脉癌栓

扫描二维码，获取注释内容

活动

答一答

（1）为什么医生不建议对这个患者马上进行手术治疗？

（2）主任为什么让阿布关注患者的腹痛有没有加重？

（3）医生为什么让患者做核磁共振？

说一说

（1）**小组讨论：**什么是肝癌的介入治疗？

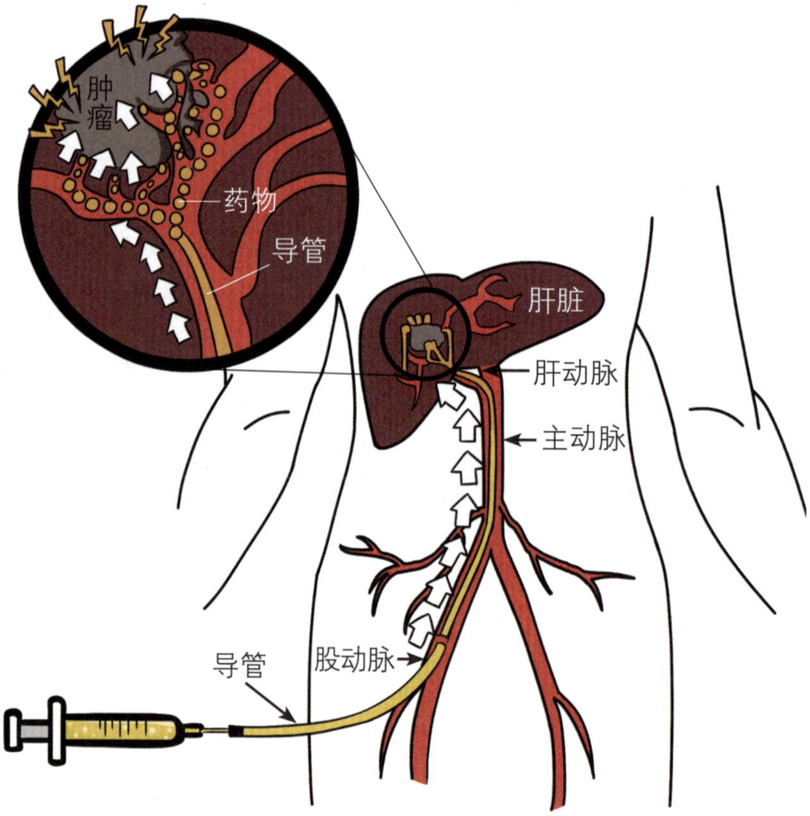

（2）**想一想：**下列两组句子中，A、B 两段话的意思一样吗？如果你要向上级医生汇报患者的情况，A、B 两种表述方式哪种更合适？两种表述方式有什么不一样？

① A：病人的 CT 报告上写的是“肝占位，考虑原发性结节型肝癌”。现在，肿瘤直径有十几厘米了，属于巨大肝癌。因为肿瘤压迫了胆管，导致胆汁淤积，病人已经出现了重度黄疸。

B：CT 提示肝占位，考虑是原发性结节型肝癌。肿瘤直径达 10 cm 以上，属于巨大肝癌。因肿瘤压迫胆管，致胆汁淤积，患者出现重度黄疸。

② A：病人的肿瘤比较大，位置靠近肝包膜和脾，肝癌结节可能破裂。病人黄疸比较严重，总蛋白又很低，营养状况也不好，可能做不了这么大的手术。可以先做胆管引流，改善一下儿肝功能。

B：患者肿瘤大，近肝包膜与脾，存在肝癌结节破裂可能。患者重度黄疸，总蛋白低，营养状况不佳，耐受大手术可能性差，建议行胆管引流术，以改善肝功能。

（3）**成段表达：**请根据“任务二”的示例内容，向患者家属解释治疗方案。

患者CT检查结果提示……，肿瘤……超过……，属于……，而且靠近……，存在……可能，应密切关注……。目前，肿瘤……，导致……，患者出现了……。同时，患者……低，……不佳，……小。现已进行……，改善……。建议通过……进一步明确肿瘤与……、……等血管的关系后，再确定治疗方案。

演一演

小组活动：两人一组，根据场景提示，使用下列词语模拟患者家属与医生的对话。

场景提示：患者因食欲不振、眼黄到肝胆外科就诊，怀疑是肝癌，医生向患者家属说明患者病情。

甲胎蛋白、肝功能、黄疸、肿瘤、肝炎、乙肝两对半、小三阳、癌变、巨大肝癌、引流、介入治疗、耐受

任务操练

实践

近年来，肝癌的发病率和病死率不断上升。请你拍个科普小视频或者写一篇科普小短文，说一说哪些不良生活习惯可能会对肝脏造成损伤，我们应该如何保护肝脏。

练习

（一）词语搭配

1. 重度	A. 胆管
2. 耐受	B. 病变
3. 肿瘤	C. 黄疸
4. 压迫	D. 手术
5. 占位性	E. 缩小

（二）选择正确的词语填空

1. 肝癌患者早期症状不（1）________，这导致许多肝癌患者（2）________时，病情大多已经（3）________到中晚期了。

（1）A. 显示　B. 明确　C. 确定　D. 明显
（2）A. 确诊　B. 急诊　C. 诊治　D. 诊断
（3）A. 发病　B. 发展　C. 发作　D. 发生

2. 不健康的饮食习惯导致脂肪肝的（1）________越来越高。脂肪在肝细胞中（2）________堆积，会对肝细胞造成损伤，影响肝脏正常功能。多数脂肪肝患者无明显症状，少数（3）________为左上腹不适、乏力、食欲差等症状。

（1）A. 致病率　B. 发病率　C. 病变率　D. 生病率
（2）A. 过度　B. 过程　C. 过量　D. 过渡
（3）A. 表现　B. 表示　C. 提示　D. 体现

3. 乙肝病毒会导致肝细胞（1）________、肝组织（2）________，出现肝硬化。肝硬化与肝癌之间的关系非常（3）________。据统计，90% 的肝癌患者都有不同程度的肝硬化。

（1）A. 破坏　　B. 坏死　　C. 梗死　　D. 伤害
（2）A. 纤维性　　B. 纤维型　　C. 纤维化　　D. 纤维式
（3）A. 密切　　B. 显著　　C. 剧烈　　D. 确定

（三）用指定结构完成对话

1. 妈妈：女儿，你爸的病得花不少钱吧？

   女儿：妈，您别担心钱的问题，________________________________。

   （哪怕……，也……）

2. 患者：大夫，这个化疗太难受了，我不想做了。

   医生：您可别放弃，化疗药物已经开始起作用了，____________________

   ________________________________。（说什么 / 怎么（着）也得……）

3. 家属：我父亲的肝癌是不是已经治不了了？

   医生：____。

   （尽管……，但是……）

（四）阅读语段，选择与语段意思一致的一项

1. 多种因素可能引起慢性肝炎。比如：由各类肝炎病毒感染导致的肝炎被称为病毒性肝炎，因长期饮酒引起的肝炎被称为酒精性肝炎，因不合理服用肝毒性药物导致的肝损伤被称为药物性肝炎，因脂肪在肝脏过度堆积引起的肝炎被称为脂肪性肝炎。慢性肝炎会造成肝功能损伤，导致肝组织不同程度的坏死、纤维化，其病程发展的最终阶段均为肝硬化。

   A. 药物性肝炎是因为长期用药引起的
   B. 肥胖的人都有脂肪性肝炎
   C. 慢性肝炎最终可能发展为肝硬化

2. 肝脏细胞能够分泌合成胆汁。一部分胆汁可直接排入肠腔，另一部分被储存在肝脏下方的胆囊中。进食后，胆囊可以通过收缩将胆汁运送到十二指肠，促进脂肪在小肠内的消化和吸收。如果患者肝胆系统发生病变，导致胆汁排泄受阻，

造成胆汁淤积，就可能出现黄疸。

A. 胆汁主要由胆囊分泌，并储存在十二指肠中

B. 胆汁可以从胆囊进入十二指肠，参与脂肪在小肠内的消化和吸收

C. 只要患者肝胆系统发生病变，就会出现黄疸

（五）写作练习

请根据“任务一”和“任务二”的示例内容，写一份病历摘要。

姓名：陈辉　　性别：男　　年龄：65岁

科室：肝胆外科　　住院号：55109　　床号：9床

主诉：

现病史：

既往史：

体格检查：

辅助检查结果：

初步诊断：

治疗意见：

医生签名：

年　　月　　日

拓展学习

一、词汇

肝脏相关词语

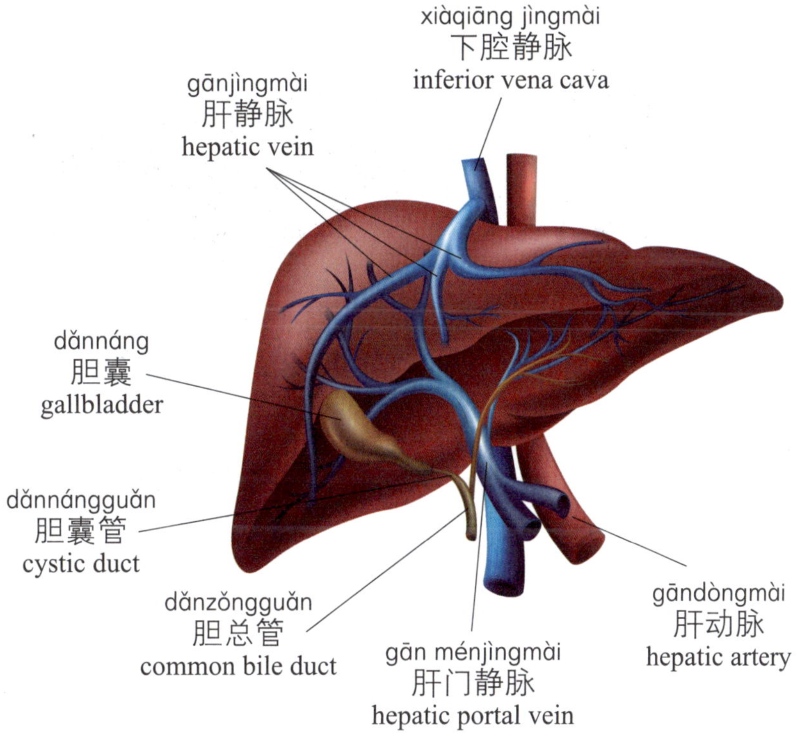

二、阅读

肝癌的前世今生

近年来，肝癌的发病率不断上升。由于肝脏组织内部没有痛觉神经，肝癌的起病一般比较隐匿，早期缺乏典型的临床表现。当患者出现肝区疼痛、消瘦、黄疸、肝脾肿大、腹水等典型症状时，往往已经是肝癌中晚期了。据统计，仅有 10% 到 15% 的初诊肝癌患者能够获得进行根治性手术的机会。早发现、早诊断、早治疗对提高肝癌治疗的疗效非常重要。因此，医生建议肝癌高危人群应至少每半年进行一次肝脏超声、肝功能和甲胎蛋白检查，评估肝脏的储备功能。

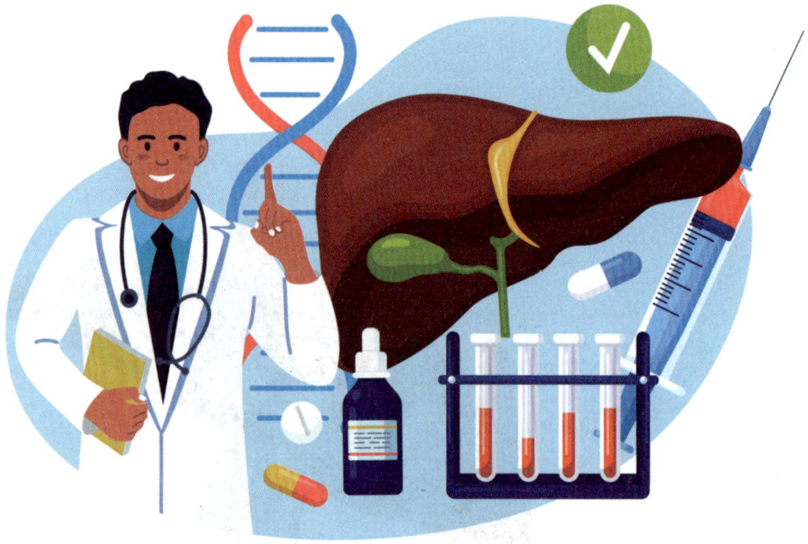

那么，肝癌的高危人群有哪些呢？在中国，肝癌的发病主要与慢性病毒性肝炎、过度饮酒、非酒精性脂肪肝、长期食用被黄曲霉菌污染的食物、各种其他原因引起的肝硬化，以及遗传等多种因素有关。其中，乙型病毒性肝炎（俗称“乙肝”）是诱发肝癌的最常见危险因素。乙型肝炎病毒在人体肝脏内不断复制、繁殖，会引起肝细胞炎症、坏死，对肝脏造成持续性损害。随着病程发展，慢性乙肝患者会继发肝纤维化，导致肝硬化，最终发展为肝癌。据了解，90% 的肝癌患者都经历了肝炎、肝硬化至肝癌的病变过程。其中，乙型病毒性肝炎占到绝大多数。

乙肝病毒具有传染性。其传播途径主要为血液接触传播、体液接触传播及母婴传播。自 20 世纪 90 年代起，中国开始推广新生儿乙肝疫苗自费接种；2002 年，开始推行新生儿乙肝疫苗免费接种。随着乙肝疫苗的广泛接种，中国的乙肝病毒感染人数及乙肝病毒携带者人数都大幅减少，有效抑制了肝癌的发生。同时，为了广泛开展肝病科普知识宣传，提高人们的肝病预防意识，中国还将每年的 3 月 18 日定为“全国爱肝日”。

（一）重要医学词语

1. 痛觉神经	tòngjué shénjīng	*n.*	nociceptor
2. 隐匿	yǐnnì	*v.*	to conceal
3. 腹水	fùshuǐ	*n.*	ascites
4. 储备	chǔbèi	*v.*	to reserve
5. 黄曲霉菌	huángqūméijūn	*n.*	aspergillus flavus
6. 复制	fùzhì	*v.*	to copy

（二）阅读材料，选择正确答案

1. 下列哪项不是肝癌的典型症状？

A. 腹水　　B. 黄疸　　C. 肝脾肿大　　D. 腹泻

2. 医生建议肝癌高危人群应多久评估一次肝脏的储备功能？

A. 每周　　B. 每个月　　C. 每半年　　D. 每年

3. 在中国，诱发肝癌的最常见危险因素是什么？

A. 过度饮酒　　B. 乙肝　　C. 脂肪肝　　D. 遗传

4. 关于乙肝病毒，下列哪项错误？

A. 乙肝病毒的传播途径主要为血液接触传播、体液接触传播及母婴传播

B. 自 20 世纪 90 年代起，中国开始推广新生儿乙肝疫苗免费接种

C. 乙肝疫苗的广泛接种有效抑制了肝癌的发生

D. 中国将每年的 3 月 18 日定为“全国爱肝日”

自我评估

一、生词知多少

你认识下列词语吗？如果认识，请在词语前的“□”里画“√”；如果不认识，请再复习复习。

□ 显著	□ 冷静	□ 解释	□ 靠近
□ 巨大	□ 状况	□ 适应	□ 具备
□ 重度	□ 体形	□ 气色	□ 收治
□ 缩小	□ 插管	□ 引流	□ 耐受
□ 介入治疗	□ 栓塞剂	□ 指标	□ 甲胎蛋白
□ 胆红素	□ 乙肝两对半	□ 总蛋白	□ 手腕
□ 股动脉	□ 获得	□ 桡动脉	□ 肝门静脉
□ 下腔静脉	□ 肝包膜	□ 肝囊肿	□ 肝脓肿
□ 肝血管瘤	□ 良性	□ 占位性病变	□ 原发性结节型肝癌
□ 胆汁淤积	□ 纤维化	□ 癌栓	

掌握了 25 个以上：非常好，为你点赞！

掌握了 20 ～ 25 个：不错，继续努力！

掌握了 19 个及以下：好好复习，下次加油！

二、你知道怎么说吗？

你知道下列几种情况应该怎么说吗？如果知道，请在句子前的“□”里画“√”。

□ 介绍肝区肿瘤并解释其可能的发病原因。

□ 说明肝癌患者可能出现的症状。

□ 介绍肝癌的介入治疗方式。

第六课

一般来说，这种癌症的预后比较好

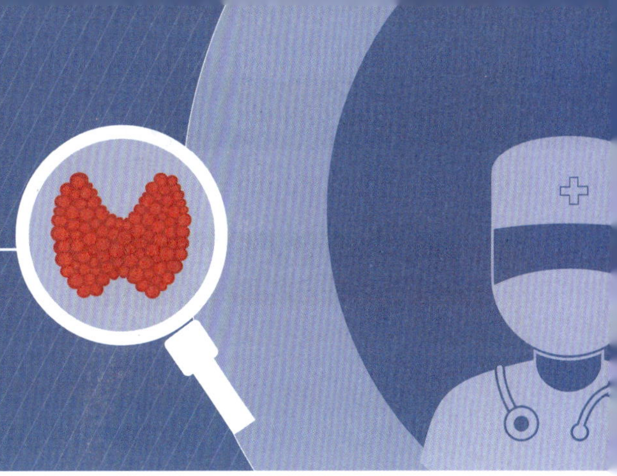

主题热身

一、给下列词语选择对应的图片

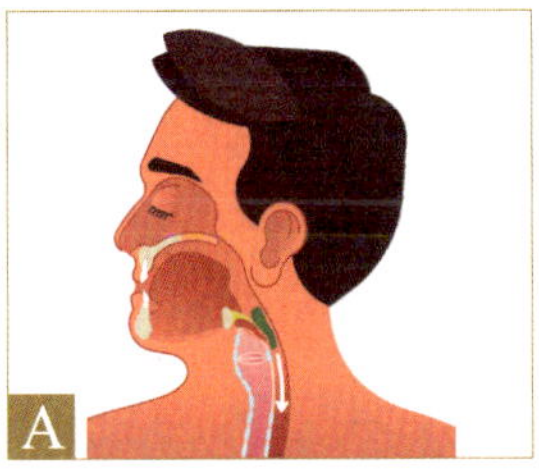

A

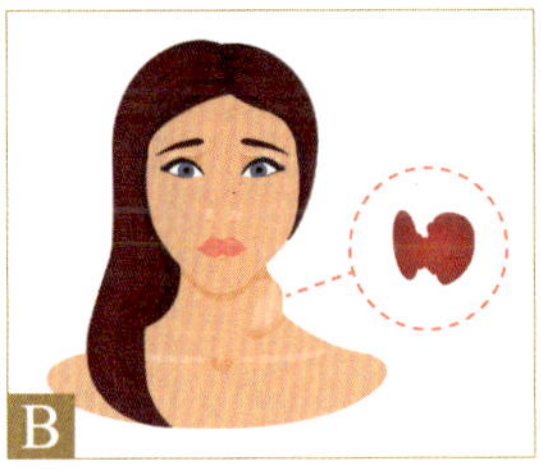

B

C

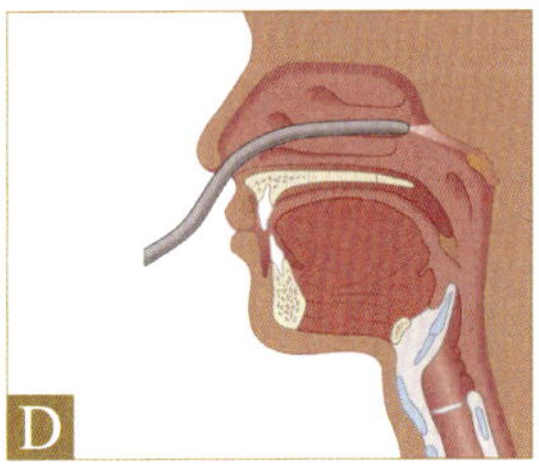

D

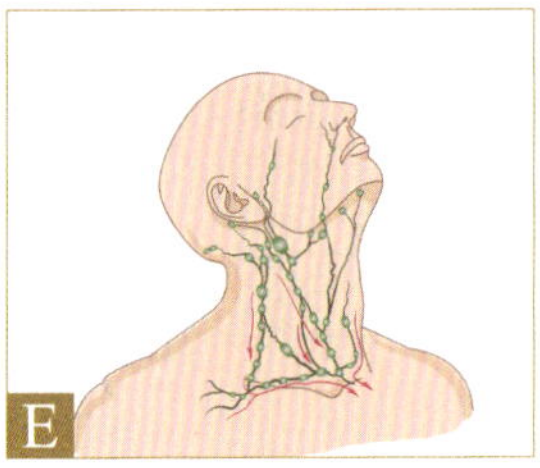

E

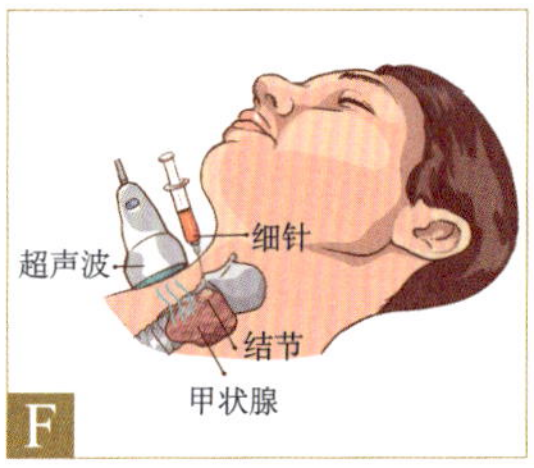

F

1. 抽搐________　　2. 穿刺活检________　　3. 吞咽________

4. 淋巴结________　　5. 颈部肿块________　　6. 鼻咽喉镜________

二、听对话，选择正确答案

1. 小李到医院做什么？

   A. 体检　　B. 陪同事看病　　C. 拿体检报告

2. 这次体检，小李查出了什么问题？

   A. 甲状腺结节　　B. 甲状腺癌　　C. 甲状腺结石

3. 医生给小李的建议是什么？

   A. 复查 CT　　B. 少加班　　C. 定期复查

扫描二维码，获取听力音频

任务学习

任务一 甲状腺癌的治疗

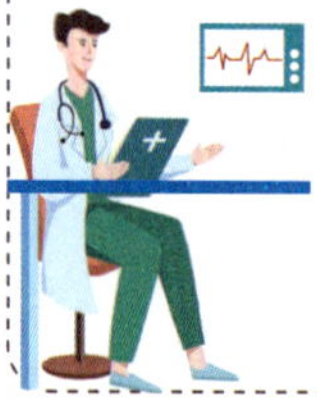

任务描述： 患者在下级医院被诊断为甲状腺癌，甲乳外科医生为患者介绍甲状腺癌的治疗方法。

准备

语言点 固定格式：从……来看

读一读

读句子，选择正确答案

从您的彩超检查和病理报告来看，怀疑是甲状腺乳头状癌。

医生根据什么怀疑患者得的是甲状腺癌？

A. 症状　　B. 主诉　　C. 检查结果

学一学

“从……来看”常用于表示得出某一结论的依据。

例句

（1）从X光片来看，你的左脚骨折了。

（2）从患者的症状和体征来看，可能是急性阑尾炎。

（3）从血常规检查结果来看，患者应该是贫血。

练一练

用“从……来看”完成句子

（1）________________，患者现在还不用手术。

（2）____________________________，患者恢复得不错，明天就可以出院了。

（3）____________________________________，我怀疑患者得的是肺炎。

示例

- 科室：甲乳外科（门诊）
- 患者：张春芳（女，45 岁）
- 医生：陈强（主任医师）

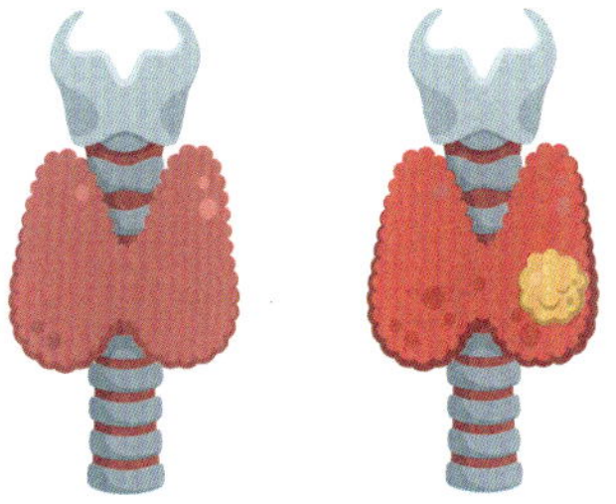

扫描二维码，获取课文和生词音频

张春芳：大夫，您好！我上个月体检时发现甲状腺有结节，医生怀疑是甲状腺癌。在县医院做了穿刺活检，医生建议手术。这是病理报告，麻烦您看看。我真的得了癌症吗？

陈　强：您先别着急，我看看您的检查报告。您以前体检发现过甲状腺结节吗？

张春芳：我已经好多年没体检过了，以前也不知道有没有结节。我也没觉得有什么不舒服。

陈　强：来，我先摸一下儿你的甲状腺。

张春芳：好的。

陈　强：请您咽一下儿口水。这样疼吗？

张春芳：不疼。

生词

1. 怀疑　huáiyí　*v.*　to suspect
2. 甲状腺癌　jiǎzhuàngxiàn'ái　*n.*　thyroid cancer
3. 县医院　xiànyīyuàn　*n.*　county hospital
4. 活检　huójiǎn　*v.*　to do a biopsy
5. 咽　yàn　*v.*　to swallow
6. 口水　kǒushuǐ　*n.*　saliva

陈　强：好的。脖子这儿确实能摸到比较小的肿块。从您的彩超检查和病理报告来看，初步考虑是甲状腺乳头状癌，建议进行手术治疗。您别太担心，一般来说，这种类型癌症的预后比较好，治愈率是比较高的。

张春芳：那手术后要化疗吗？

陈　强：甲状腺乳头状癌术后一般不用化疗。如果出现了转移，可能需要做 ^{131}I（碘-131）治疗。

张春芳：您刚说的 ^{131}I 治疗跟化疗一样吗？我听说化疗非常痛苦。

陈　强：您放心，^{131}I 治疗一般不会出现什么不良反应。只是 ^{131}I 是一种放射性元素，半衰期内需要住院隔离。出院后最好再居家隔离一段时间，特别是要避免接触孕妇和儿童。现在，您先不用担心这些，还是先跟家属商量一下儿要不要住院手术，好吗？

张春芳：好的，谢谢您！

7 肿块　zhǒngkuài　*n.*　lump

8 乳头状癌　rǔtóuzhuàng'ái　*n.*　papillary carcinoma

9 类型　lèixíng　*n.*　type

10 预后　yùhòu　*n.*　prognosis

11 反应　fǎnyìng　*v.*　to react

12 放射性元素　fàngshèxìng yuánsù　*n.*　radioactive element

13 半衰期　bànshuāiqī　*n.*　half-life (period)

14 隔离　gélí　*v.*　to isolate

15 居家　jūjiā　*v.*　to be at home

Note:

1. 甲状腺乳头状癌　2. ^{131}I 治疗

扫描二维码，获取注释内容

活动

答一答

（1）患者在县医院做了什么检查？

（2）从彩超检查和病理报告来看，医生怀疑患者得了什么病？

（3）^{131}I 治疗后要注意什么？

说一说

小组讨论：甲状腺结节就是甲状腺癌吗？甲状腺癌一般要做下列哪些检查才能确诊？请在对应检查前的“□”里画“√”。如果你们认为还要做其他检查，请写在下面。

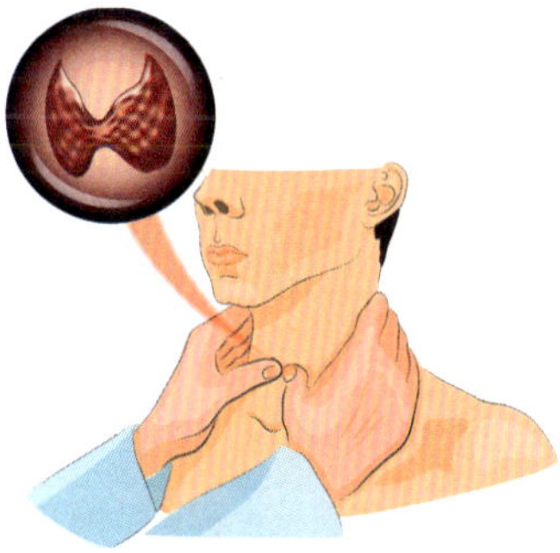

□ 触诊

□ 视诊

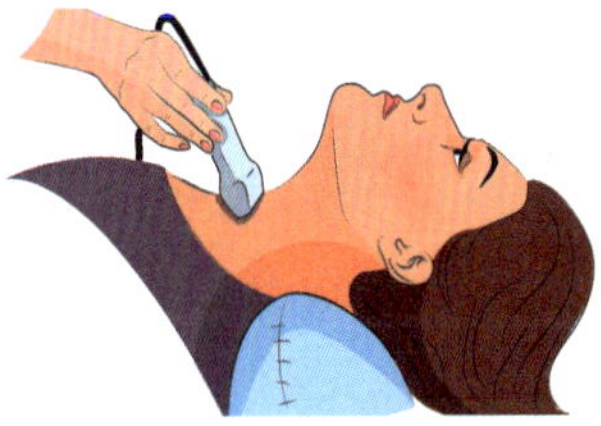

□ 彩超

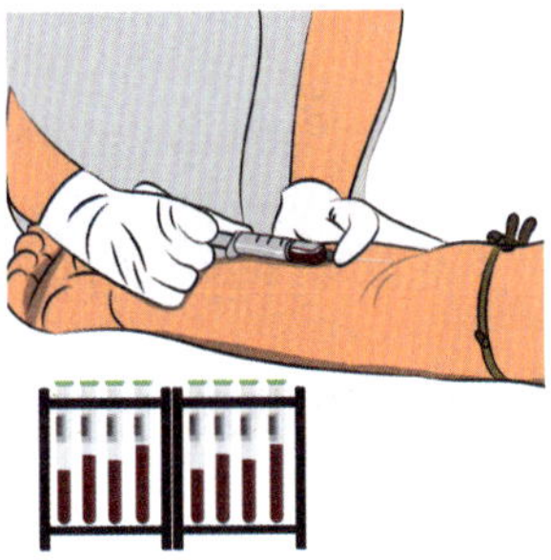

□ 血常规

□ 心电图

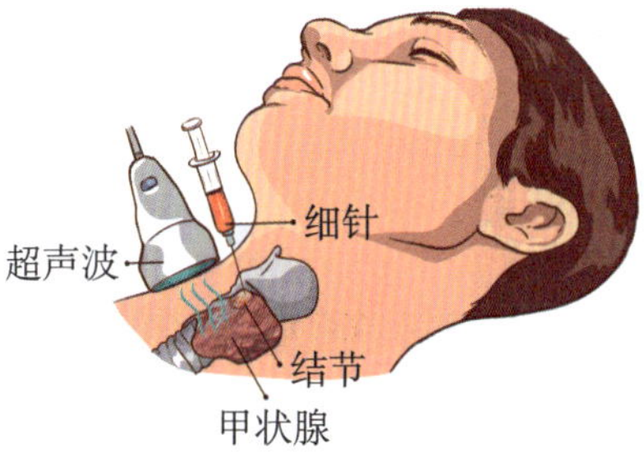

□ 穿刺活检

其他检查：____

读一读

读报告单，选择正确答案

病理报告单

姓名：张春芳　　性别：女　　年龄：45 岁
申请科室：甲乳外科　　诊断：颈部肿物
送检材料：双侧甲状腺穿刺组织　　检查时间：×× 年 ×× 月 ×× 日

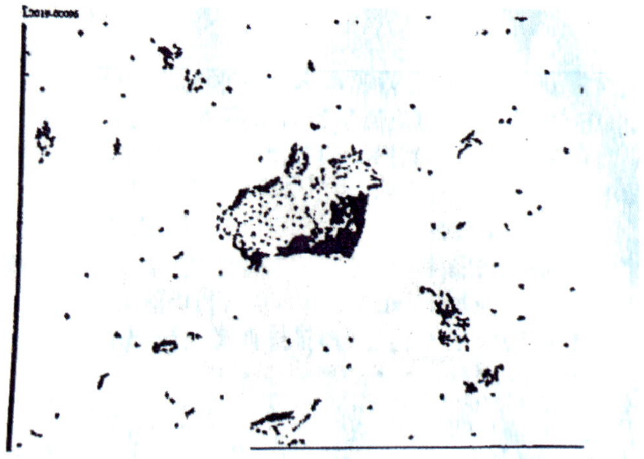

判读结果：可疑甲状腺乳头状癌。

左、右叶均见甲状腺滤泡上皮细胞呈片状、乳头状、巢状排列，细胞核拥挤、重叠，可疑甲状腺乳头状癌，最终结果须组织学确诊，请结合临床。

报告医生：刘超　　审核医生：陈华强　　复核医生：顾斌

（1）患者做了什么检查？

A. 甲状腺彩超　　B. 甲状腺穿刺活检　　C. 甲状腺功能检查

（2）患者的检查结果是？

A. 可疑左侧甲状腺乳头状癌

B. 可疑右侧甲状腺乳头状癌

C. 可疑双侧甲状腺乳头状癌

任务二　甲状腺癌病例汇报

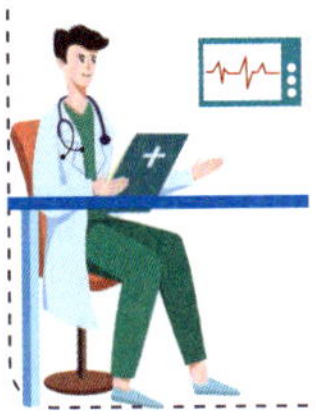

任务描述： 实习生向带教医生汇报患者的病情，并请教患者治疗方案、术后并发症等问题。

准备

语言点1　书面语表达：为

读一读

读句子，选择与句中加点词语意思一致的一项

县级医院穿刺活检病理报告结果为可疑双侧甲状腺乳头状癌。

A. 没有　　B. 如果　　C. 是

学一学

“为”常用于书面语中，表示“是”的意思。在检查检验报告、病历等医疗文书中，常用“为”表示对结果的判断。

例句

（1）中国的医学本科专业学习期限为五年。

（2）患者的乙肝表面抗原为阴性。

（3）甲亢的临床表现为烦躁、食欲亢进、多汗、乏力、消瘦。

练一练

请选择“为”在句中的位置

（1）脑卒中 A 也被 B 称 C 中风。

（2）患者的主诉 A 体检彩超 B 发现 C 甲状腺肿物 1 个月。

（3）患者 A 肝区肿瘤的 B 直径 C 8 厘米。

语言点 2　固定格式：排除 / 存在……的可能

读一读

读句子，判断意思理解是否正确

拍胸片是为了排除甲状腺癌出现肺转移的可能。

患者的甲状腺癌出现了肺转移。（　　）

学一学

“排除……的可能”常用来表示对发生某种状况的可能性进行筛查，以确定不会出现这一状况。另外，“存在……的可能”常用来对可能发生的状况进行说明。以上结构常用于临床鉴别诊断。

例句

（1）根据您的 CT 检查结果，已经排除了急性胰腺炎的可能，您可以放心了。

（2）先带您父亲去做个脑电图吧，目前还不能排除老年痴呆的可能。

（3）虽然甲状腺结节大多数是良性的，但也存在癌变的可能。

练一练

选择合适的格式填空

A. 排除……的可能　　B. 存在……的可能

（1）现在还不能确诊，________糖尿病的________，建议您再检查空腹血糖和餐后两小时后血糖的情况。

（2）目前，这名男性的死亡原因还在调查中，警察没有________自杀________。

（3）患者腹痛、呕吐，还有腹泻的症状，不________急性肠胃炎________。

示例

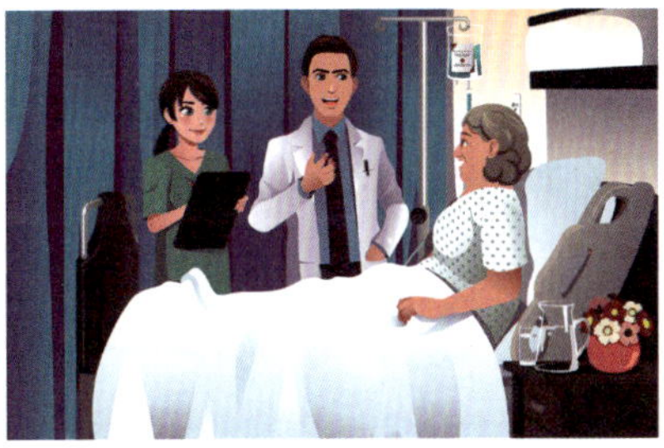

- 科室：甲乳外科（住院部）
- 带教医生：周德明（主治医师）
- 实习生：胡思娜

扫描二维码，获取课文和生词音频

周德明：胡思娜，3 床的病历你看了吗？先跟我说说病人的情况吧。

胡思娜：好的。3 床，女，45 岁。患者主诉体检彩超发现甲状腺肿物 1 个月。县级医院穿刺活检病理报告结果为可疑双侧甲状腺乳头状癌。入院查体双侧颈部未触及肿大淋巴结，双侧甲状腺可触及较小肿块，无触痛，可随吞咽上下移动。复查彩超显示双侧甲状腺实质性结节，左叶甲状腺结节伴钙化，左颈异常淋巴结肿大，有转移可能。胸部 X 线平片和鼻咽喉镜未发现实质性病变。

周德明：很好。

生词

1. 主诉 zhǔsù *v.* (of a patient) to complain
2. 肿物 zhǒngwù *n.* mass, lump
3. 可疑 kěyí *adj.* suspicious
4. 入院 rùyuàn *v.* to be admitted to hospital
5. 查体 chátǐ *v.* to take a physical examination
6. 触及 chùjí *v.* to touch
7. 淋巴结 línbājié *n.* lymph node
8. 吞咽 tūnyàn *v.* to swallow
9. 实质性 shízhìxìng *n.* (of) substance
10. 钙化 gàihuà *v.* to calcify
11. 胸部 X 线平片（胸片） xiōngbù X xiàn píngpiàn (xiōngpiàn) chest X-ray plain film
12. 鼻咽喉镜 bí-yānhóujìng *n.* nasopharyngeal laryngoscope

胡思娜：周主任，为什么要给病人做胸部和鼻咽喉部的检查？

周德明：拍胸片是为了排除肺部远端转移的可能，做鼻咽喉镜是为了看看甲状腺病变是否侵犯了鼻咽喉部。

胡思娜：是这样啊。那这个病人具备手术指征吗？

周德明：影像学检查提示病人甲状腺肿物高度可疑恶性，同时还存在淋巴结转移的可能。前期病理诊断也怀疑是甲状腺乳头状癌。从这些检查结果来看，病人必须进行手术治疗。

胡思娜：病人双侧甲状腺都要切除，对吗？

周德明：对。除了要对病人进行甲状腺癌根治术治疗以外，术中还需要对左侧淋巴结进行大范围清扫。

胡思娜：这个手术我们要注意什么呢？

周德明：术中要特别注意保护喉返神经和

⑬ 远端 yuǎnduān *n.* far end

⑭ 侵犯 qīnfàn *v.* to invade

⑮ 指征 zhǐzhēng *n.* indication

⑯ 高度 gāodù *adj.* highly

⑰ 前期 qiánqī *n.* previous period, early stage

⑱ 范围 fànwéi *n.* range

⑲ 清扫 qīngsǎo *v.* to clean

⑳ 喉返神经 hóufǎn shénjīng *n.* recurrent laryngeal nerve

甲状旁腺，否则病人术后可能会出现声音嘶哑、低钙性抽搐等症状。此外，切除双侧甲状腺的病人术后须终身服用左甲状腺素钠，定期复查甲状腺功能，及时调整药量，预防甲减。

21 甲状旁腺 jiǎzhuàngpángxiàn *n.* parathyroid gland
22 嘶哑 sīyǎ *adj.* hoarse
23 低钙性抽搐 dīgàixìng chōuchù *n.* hypocalcemic tetany
24 终身 zhōngshēn *n.* all one's life
25 左甲状腺素钠 zuǒjiǎzhuàngxiànsùnà *n.* levothyroxine sodium

Note：
1. 喉返神经损伤　2. 甲状旁腺损伤

扫描二维码，获取注释内容

活动

答一答

（1）查体后，发现患者有哪些体征？
（2）患者复查彩超的结果怎么样？
（3）医生为什么给患者做胸部 X 线平片和鼻咽喉镜检查？

说一说

（1）**小组讨论：**患者在甲状腺癌根治术后可能出现哪些并发症？应该怎么处理？

并发症	处理办法

（2）**想一想：** 下列两组句子中，A、B 两段话的意思一样吗？如果你要向上级医生汇报患者的情况，A、B 两种表述方式哪种更合适？两种表述方式有什么不一样？

① A：颈部触诊未触及肿大淋巴结，双侧甲状腺可触及较小肿块，无触痛，可随吞咽上下移动。

B：给病人做颈部触诊时，没有摸到肿大的淋巴结。两边甲状腺都可以摸到比较小的肿块，但病人说不痛。病人做吞咽动作的时候，肿块会移动。

② A：病人彩超检查发现两边的甲状腺都有结节，左边的结节还有些钙化，脖子左边的淋巴结有点儿肿。

B：患者彩超显示双侧甲状腺实质性结节，左叶甲状腺结节伴钙化，左颈异常淋巴结肿大。

（3）**成段表达：** 请根据“任务二”的示例内容，向你的上级医生汇报患者病情。

3 床病人主诉……。县级医院……结果为……。入院查体……未触及……，……可触及……，无……，可随……。复查……显示双侧甲状腺……，左叶……，左颈……，有……可能。……和……未发现……。

演一演

小组活动： 两人一组，根据场景提示，使用下列词语模拟患者 / 患者家属与医生的对话。

场景提示： 患者因甲状腺癌需进行手术治疗，患者 / 患者家属向医生咨询甲状腺手术的相关问题。

结节、穿刺活检、甲状腺乳头状癌、预后、^{131}I 治疗、隔离、半衰期、喉返神经、甲状旁腺、淋巴结、清扫

任务操练

实践

近年来，通过体检发现甲状腺结节的患者越来越多。出现甲状腺结节后，要不要进行手术治疗？如果确诊为甲状腺癌，又应该怎样治疗？请在网上查阅相关资料，拍个科普小视频或者写一篇科普小短文，介绍一下儿甲状腺结节和甲状腺癌的防治。

练习

（一）词语搭配

1. 穿刺
2. 低钙性
3. 实质性
4. 淋巴结
5. 放射性

A. 元素
B. 肿大
C. 抽搐
D. 活检
E. 病变

（二）选择正确的词语填空

1. 患者在门诊做了超声指引下的甲状腺右叶穿刺（1）________，病理报告显示为“右叶甲状腺乳头状癌”。与患者及家属沟通后，决定对患者进行甲状腺癌根治术治疗，（2）________甲状腺右叶，并对右侧淋巴结进行大范围（3）________。

（1）A. 检测　　B. 监测　　C. 活检　　D. 检验

（2）A. 切除　　B. 排除　　C. 消除　　D. 拔除

（3）A. 清扫　　B. 清洗　　C. 清洁　　D. 清醒

2. 患者主诉 1 个月前自觉颈前有一（1）________来我院就诊，门诊穿刺活检病理报告结果为“可疑甲状腺乳头状癌”，入院后复查超声提示：“甲状腺左叶实质（2）________结节伴钙化，甲状腺右叶中上低回声结节，右颈异常淋巴结肿大，存在（3）________可能。”

（1）A. 肿大　　B. 肿物　　C. 肿胀　　D. 浮肿
（2）A. 型　　B. 形　　C. 性　　D. 化
（3）A. 转移　　B. 移动　　C. 介入　　D. 侵犯

3. 甲状腺乳头状癌的（1）________比较好，治愈率较高。如果出现转移，一般需要做 ^{131}I 治疗，（2）________内需住院隔离，出院后最好继续居家隔离一段时间。居家隔离期间要注意避免（3）________孕妇和儿童。

（1）A. 预后　　B. 干预　　C. 预报　　D. 预防
（2）A. 妊娠期　　B. 半衰期　　C. 放射期　　D. 终末期
（3）A. 接受　　B. 接种　　C. 接着　　D. 接触

（三）用指定词语或结构完成对话

1. 带教医生：病人的穿刺活检结果怎么样？

实 习 生：____。（从……来看；为）

2. 实 习 生：这个患者脑部损伤严重吗？

带教医生：现在还不能确定，要做个脑部 CT，____________________________。

（排除……的可能）

3. 病人家属：大夫，您好！这是我老婆的胸片，麻烦您看一下儿。

医　　生：好的。她左肺有一块阴影，________________________________。

（存在……的可能）

（四）阅读语段，选择与语段意思一致的一项

1. 近年来，在健康体检时意外发现甲状腺癌的病例不在少数。甲状腺乳头状癌是一种恶性肿瘤。一旦确诊以后，患者需要做全面检查，主要判断是否出现远端转移。若患者具备手术指征，应当积极考虑进行手术治疗，临床上称作甲状腺癌根治术，一般术后可取得良好的治疗效果。

A. 健康体检无法发现甲状腺癌
B. 甲状腺乳头状癌属于良性肿瘤
C. 甲状腺癌根治术的临床疗效较好

2. 在甲状腺乳头状癌根治术中，除了根据甲状腺肿瘤病变情况进行一侧甲状腺或全甲状腺切除术外，还需根据颈淋巴结转移情况，对中央区淋巴结或颈淋巴结进行清扫。手术可能会出现一些并发症，如：术中若损伤喉返神经，患者术后可能出现声音嘶哑的症状；若损伤甲状旁腺，患者术后则会出现低钙血症。
A. 甲状腺癌根治术需要切除双侧甲状腺
B. 术中可能需要对淋巴结进行清扫
C. 术后低钙血症是由喉返神经损伤引起的

（五）写作练习

请根据“任务一”和“任务二”的示例内容，写一份病历摘要。

姓名：张春芳　　性别：女　　年龄：45 岁
就诊科室：甲乳外科　　住院号：35001　　床号：3 床

主诉：

现病史：

既往史：

体格检查：

辅助检查结果：

初步诊断：

治疗意见：

医生签名：
年　月　日

拓展学习

一、词汇

甲状腺相关词语

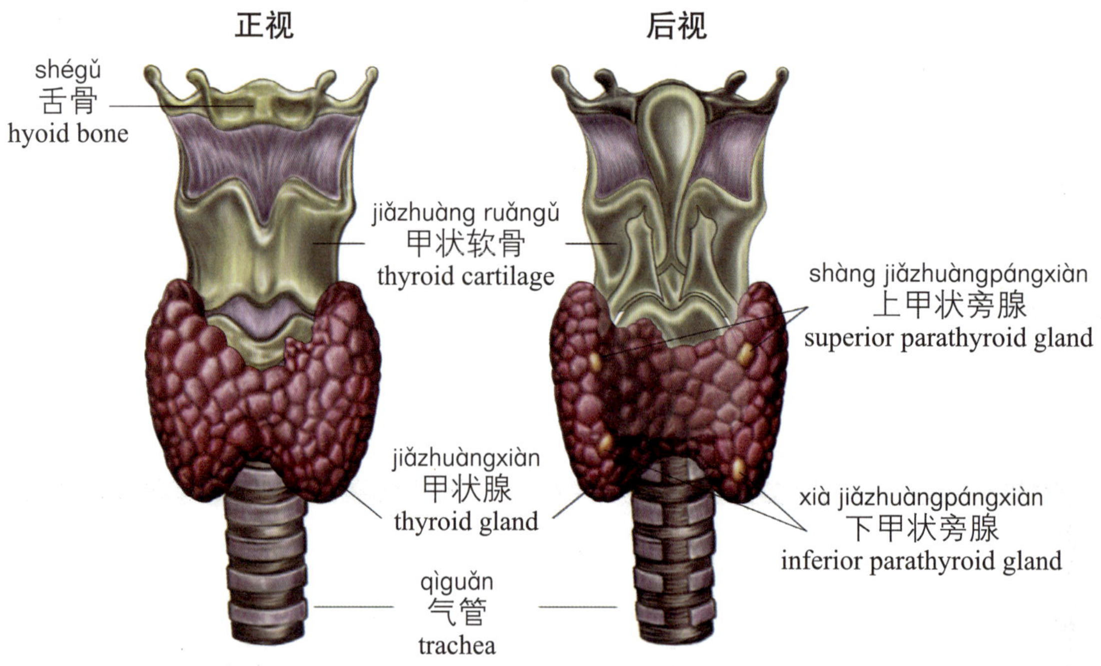

二、阅读

最善良的癌症

“如果这一生中必须要患一种癌症，那么我希望它是甲状腺癌。”因为甲状腺乳头状癌的恶性程度较低，患者存活率较高，常被人称为“最善良的癌症”。同时，因其进展较缓慢，也常被人称为“懒癌”。大数据统计显示，在中国，甲状腺乳头状癌患者的 5 年生存期可以达到 95% 以上，20 年生存期也可以达到 80% ～ 90%。

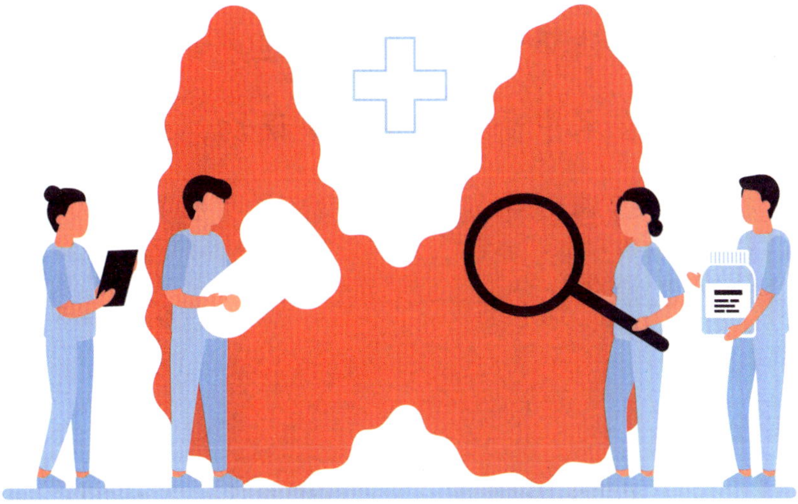

甲状腺是位于颈前喉部下方的一个腺体。它像一只蝴蝶，分左右两叶附着在气管两侧。甲状腺主要分泌甲状腺激素 T_3、T_4，对人体的新陈代谢非常重要。甲状腺癌早期一般没有明显的症状，较难被发现。如出现声音变化、吞咽或呼吸困难等症状，甲状腺癌可能就已发展至晚期了。

随着现代超声技术的发展，甲状腺结节的检出率大大提高。发现甲状腺结节就是得了甲状腺癌吗？并不一定，大多数的甲状腺结节是良性的。良性、恶性甲状腺结节在超声检查中会有不同的表现，因此超声检查在甲状腺癌的临床诊断中有着非常重要的作用。如果超声检查不能初步确定，还可以通过超声引导下的细针穿刺活检进行判断，其准确率可达 85% 以上。

甲状腺癌患者一般需要接受手术治疗。甲状腺周围有许多重要的结构或组织，比如控制声带运动的喉返神经和调节人体血钙水平的甲状旁腺。因此，在甲状腺手术中需要特别注意。如果喉返神经受到肿瘤侵犯或手术损伤，声带将无法正常活动，会引起声音嘶哑，甚至吞咽困难等症状。如果甲状旁腺在术中受到损伤或被误切，血液中的钙离子水平会迅速降低，从而引起嘴唇、手足抽搐等症状。如果不及时处理，还可能引起大脑或心肺功能损伤。

（一）重要医学词语

1. 腺体	xiàntǐ	*n.*	gland
2. 附着	fùzhuó	*v.*	to adhere to
3. 新陈代谢	xīnchén-dàixiè		metabolism
4. 检出率	jiǎnchūlǜ	*n.*	detection rate
5. 引导	yǐndǎo	*v.*	to guide
6. 声带	shēngdài	*n.*	vocal cords
7. 血钙	xuègài	*n.*	serum calcium
8. 钙离子	gàilízǐ	*n.*	calcium ion

（二）阅读材料，选择正确答案

1. 为什么甲状腺乳头状癌常被人称为“最善良的癌症”？

A. 因为比较容易治疗　　B. 因为没有明显的症状

C. 因为比较容易被发现　　D. 因为恶性程度低，患者存活率高

2. 为什么现在甲状腺结节的检出率越来越高？

A. 因为超声技术越来越发达　　B. 因为人们过多食用海鲜

C. 因为甲状腺癌发病率升高了　　D. 因为甲状腺结节的恶性率提高了

3. 下列哪项是喉返神经损伤后可能出现的症状？

A. 声音嘶哑　　B. 嘴唇抽搐　　C. 手足抽搐　　D. 呼吸困难

4. 甲状旁腺有什么功能？

A. 调节体温　　B. 调节新陈代谢

C. 调节甲状腺功能　　D. 调节血钙水平

自我评估

一、生词知多少

你认识下列词语吗？如果认识，请在词语前的“□”里画“√”；如果不认识，请再复习复习。

□ 类型	□ 反应	□ 怀疑	□ 可疑
□ 高度	□ 前期	□ 范围	□ 清扫
□ 甲状腺癌	□ 终身	□ 县医院	□ 远端
□ 侵犯	□ 指征	□ 吞咽	□ 咽
□ 嘶哑	□ 低钙性抽搐	□ 实质性	□ 放射性元素
□ 半衰期	□ 居家	□ 隔离	□ 左甲状腺素钠
□ 口水	□ 查体	□ 触及	□ 入院
□ 肿块	□ 肿物	□ 甲状旁腺	□ 淋巴结
□ 喉返神经	□ 主诉	□ 胸部 X 线平片	□ 鼻咽喉镜
□ 活检	□ 钙化	□ 乳头状癌	□ 预后

掌握了 25 个以上：非常好，为你点赞！

掌握了 20 ～ 25 个：不错，继续努力！

掌握了 19 个及以下：好好复习，下次加油！

二、你知道怎么说吗？

你知道下列几种情况应该怎么说吗？如果知道，请在句子前的“□”里画“√”。

□ 向上级医生汇报课文中患者的基本情况。

□ 向上级医生汇报课文中患者的主诉、体格检查和辅助检查结果。

□ 介绍甲状腺癌根治术后可能出现的并发症。

第七课

膝盖疼得一天比一天厉害

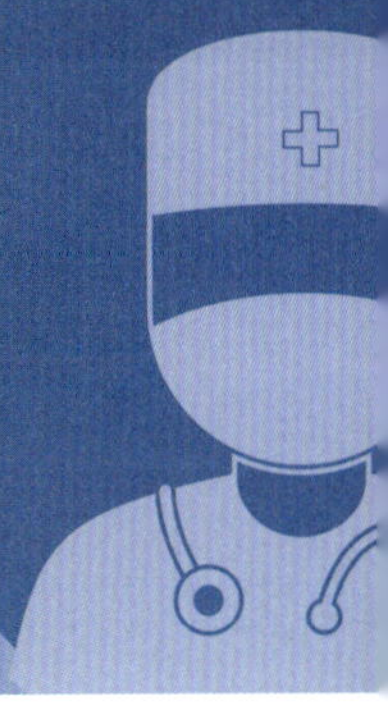

主题热身

一、给下列词语选择对应的图片

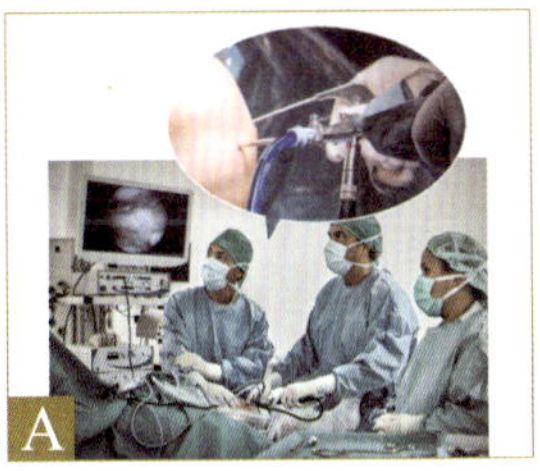

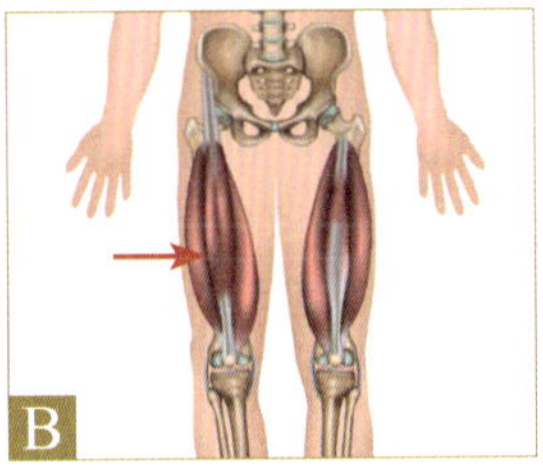

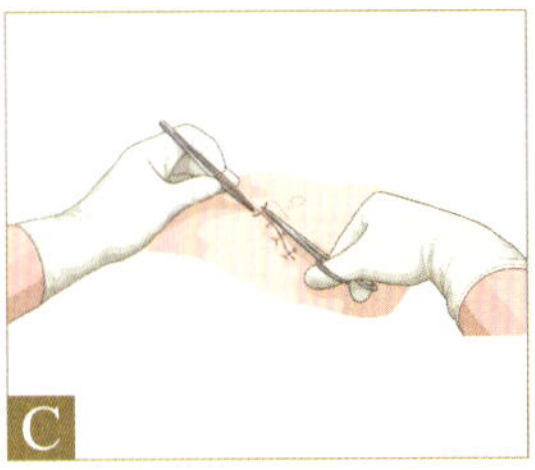

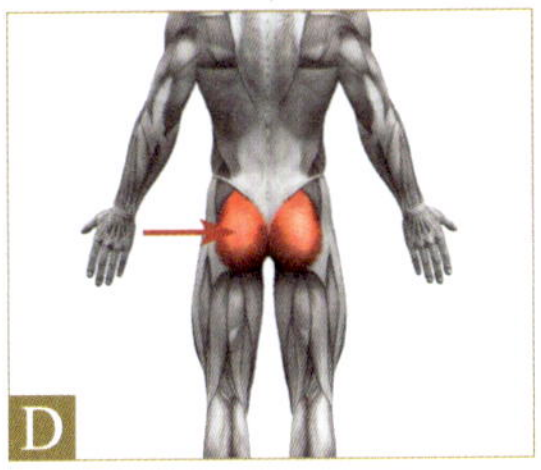

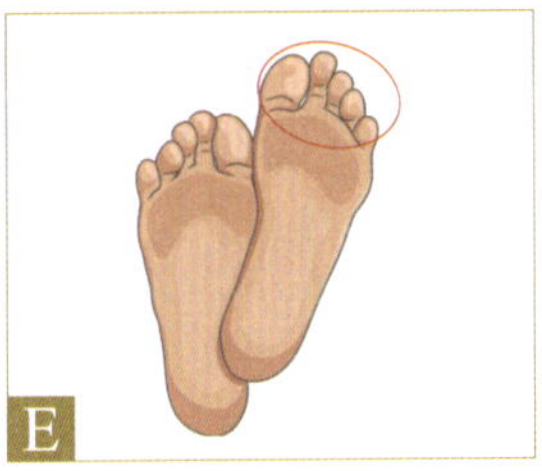

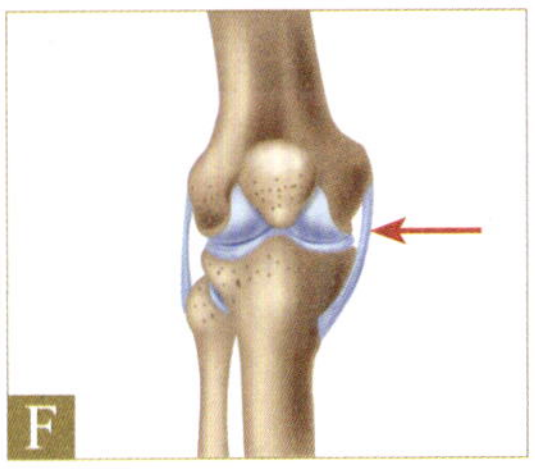

1. 臀大肌________　　2. 半月板________　　3. 缝合________

4. 关节镜________　　5. 脚趾________　　6. 股四头肌________

二、听对话，选择正确答案

1. 这段对话发生在什么时候？

   A. 早上　　B. 中午　　C. 晚上

2. 妈妈认为自己为什么膝盖疼？

   A. 走多了　　B. 扭伤了　　C. 缺钙了

3. 妈妈的膝盖疼了多长时间了？

   A. 半年了　　B. 一两年了　　C. 两三年了

扫描二维码，获取听力音频

任务学习

任务一　膝关节炎的问诊

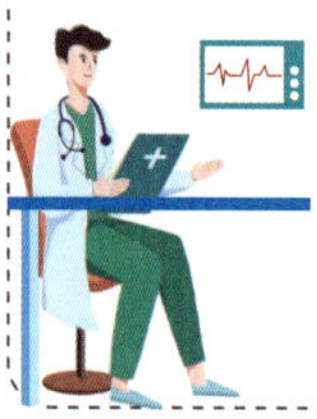

任务描述： 患者因膝关节疼痛到骨外科就诊，骨外科医生对患者进行问诊。

准备

语言点 1　状态补语：动词 / 形容词 + 得 + 短语

读一读

读句子，判断意思理解是否正确

有时候，疼得都走不了路了。

有时候，太疼了，走不了路。（　　）

学一学

“动词 / 形容词 + 得 + 短语”结构中的“短语”是前面“动词 / 形容词”的状态补语，用来表示动作或性状呈现出来的状态。患者在描述症状时，常用此结构。该结构中的“短语”可以是动词短语、主谓短语或固定短语。

例句

（1）拔完牙，我的半边脸都肿了，肿得都张不开嘴。（动词短语）

（2）他一听医生说妻子有救了，激动得眼泪都流下来了。（主谓短语）

（3）父亲一直在手术室门口等着，紧张得坐立不安。（固定短语）

练一练

用"动词 / 形容词 + 得 + 短语"完成句子

（1）早上起来还是有点儿喘，昨晚________________。

（2）早上没来得及吃早饭，不到中午就________________。

（3）她这是听到什么好消息了吗？怎么________________？

语言点 2　固定格式：一 + 量词 + 比 + 一 + 量词 + 形容词

读一读

读句子，选择与句子意思一致的一项

最近，我的膝盖疼得一天比一天厉害。

A. 我的膝盖这几天疼得不太厉害了

B. 我的膝盖疼得越来越厉害了

C. 我的膝盖昨天疼得比今天厉害

学一学

"一 + 量词 + 比 + 一 + 量词 + 形容词"常在句子中做状语，表示程度的递进。其中，"一"不能替换为其他数词。

例句

（1）这里的鞋一双比一双贵，我还是在网上买吧。

（2）急诊科的医生真是一个比一个忙。

（3）我觉得身体一天比一天好，恢复得差不多了。

练一练

用"一 + 量词 + 比 + 一 + 量词 + 形容词"改写句子

（1）科室里新来的医生都很年轻，小张 29 岁，小刘才 27 岁。

____

（2）林丽的成绩进步很大，上次考了 83 分，这次考了 95 分。

____

（3）老王，这是你儿子吗？才一年不见，又长高了这么多啊。

____

示例

- 科室：骨外科（门诊）
- 患者：郭兰（女，63 岁）
- 医生：陈军（主治医师）

扫描二维码，获取课文和生词音频

陈军：您好，请坐。您哪儿不舒服？

郭兰：大夫，我最近总觉得右边膝盖疼，走路、上下楼梯什么的都觉得很吃力。下雨天气潮湿的时候，还总觉得膝盖酸痛。

陈军：除了膝盖，手指、脚趾这些关节会疼吗？

郭兰：不会。

陈军：那您是从什么时候开始觉得膝盖疼的？

郭兰：疼了有两三年了。不过，最近半年感觉膝盖越来越不灵活了。有时候，疼得都走不了路了。

生词

1. 脚趾 jiǎozhǐ *n.* toe
2. 关节 guānjié *n.* joint
3. 灵活 línghuó *adj.* nimble

陈军：什么时候疼得比较厉害呢？

郭兰：每天晚上散步以后会有点儿疼，不过休息休息就没事儿了。最近疼得一天比一天厉害。现在，不怎么活动的时候，也觉得疼。

陈军：疼得厉害的时候，能走吗？

郭兰：走不了，前两天膝盖还肿了，连腿都弯不了了。今天才稍微好点儿。

陈军：除了右膝关节以外，其他关节有没有疼痛感？

郭兰：没有。不过，有时候感觉右边大腿又酸又胀。

陈军：平时小腿会痉挛吗？

郭兰："痉挛"是什么意思？

陈军：哦，就是抽筋。

郭兰：那倒没有。大夫，我不会要残疾了吧？会不会连路也走不了了啊？

陈军：您别担心，没那么严重。根据您的情况，您的膝关节疼痛可能是膝关节损伤或者骨关节炎引起的。

4 稍微 shāowēi *adv.* slightly

5 膝关节 xīguānjié *n.* knee joint

6 痉挛 jìngluán *v.* to go into convulsions

7 抽筋 chōujīn *v.* to get cramp

8 残疾 cánjí *n.* physical disability

9 骨关节炎 gǔguānjiéyán *n.* osteoarthritis

我建议您先拍个X光片或者做个核磁共振，看看膝关节的关节面和半月板的情况。

郭兰： 好的。那我这几天晚上还能去散步吗？

陈军： 可以适当走走，但不要走太久。您现在是在急性发作期，还是建议您多休息，尽量少做磨损膝关节的动作，比如跑、跳、上下楼梯什么的。另外，还要注意控制体重，减轻膝关节的负担。有空儿的时候，可以按摩一下儿膝关节，改善局部血液循环。

郭兰： 好的，谢谢您！

⑩ X光片 X guāngpiàn *n.* X-ray film

⑪ 关节面 guānjiémiàn *n.* articular surface

⑫ 半月板 bànyuèbǎn *n.* meniscus

⑬ 磨损 mósǔn *v.* to wear (and tear)

⑭ 负担 fùdān *n.* burden

Note:

骨关节炎

扫描二维码，获取注释内容

活动

答一答

（1）患者是从什么时候开始觉得膝盖疼的？

（2）前两天，患者的膝盖怎么了？

（3）医生认为患者的膝关节疼痛可能是什么原因引起的？

说一说

小组讨论：你们认为下列哪些行为会磨损膝关节？请在对应行为前的“□”里画“√”。如果你们认为还有其他导致膝关节磨损的行为，请写在下面。

□ 跳远

□ 深蹲

□ 爬楼梯

□ 跑步

□ 打篮球

□ 久坐

其他行为：______________________________

读一读

读报告单，选择正确答案

放射诊断报告单

姓名：郭兰　　性别：女　　年龄：63 岁

申请科室：骨外科　　诊断：骨关节炎

检查名称：膝关节正位　　检查时间：××年××月××日

检 查 技 术：X-Ray

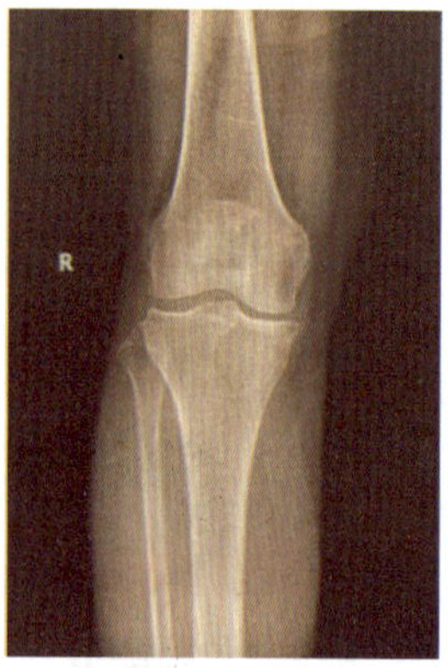

影像学所见：右侧胫骨髁间隆突骨质增生变尖，髌骨上下缘变尖，右侧胫骨、股骨膝关节面边缘骨质增生，骨质密度增高。右膝关节面尚光整，内侧胫股关节间隙狭窄。周围软组织未见明显异常。

影像学诊断：右膝关节退行改变。

报告医生：蔡玲艳　　审核医生：刘致清　　复核医生：曾真

（1）患者做了什么检查？

A. 膝关节 X 线平片　　B. 膝关节 CT 扫描　　C. 膝关节 MRI 扫描

（2）患者的右膝关节怎么了？

A. 骨折　　B. 骨质增生　　C. 未见明显异常

任务二　骨关节炎病例汇报

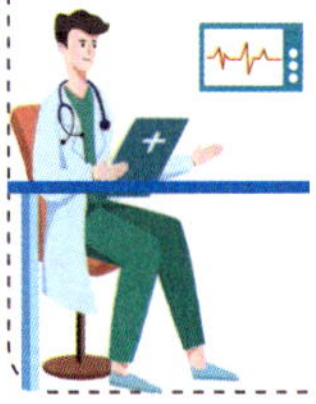

任务描述： 主治医师向主任医师汇报膝关节损伤患者的病情和手术治疗方案。

准备

语言点　因果复句：既然……，就……

读一读

读句子，选择与句子意思一致的一项

既然家属已经同意了，就尽快帮患者安排手术吧。

A. 患者家属已经同意了，可以给患者安排手术了

B. 需要经过家属同意，才能给患者安排手术

C. 患者需要马上手术，来不及问家属同意不同意了

学一学

“既然……，就……”表示根据事实得出某种结论。前一分句用于陈述已成为现实的或已肯定的前提，后一分句用于陈述根据这个前提得出的结论或建议。前后两个分句的主语相同时，“既然”一般在主语后。

例句

（1）既然你们都已经认识了，我就不再多做介绍了。

（2）你既然不舒服，今天就不要去上班了。

（3）既然病人的各项指标都恢复正常了，明天就给他办出院吧。

练一练

用“既然……，就……”完成句子

（1）你既然胃不好，____。

（2）________________________________，就应该告诉他。

（3）你既然知道自己得了慢阻肺，________________________________。

示例

- 科室：骨外科（住院部）
- 主任医师：王申
- 主治医师：陈军

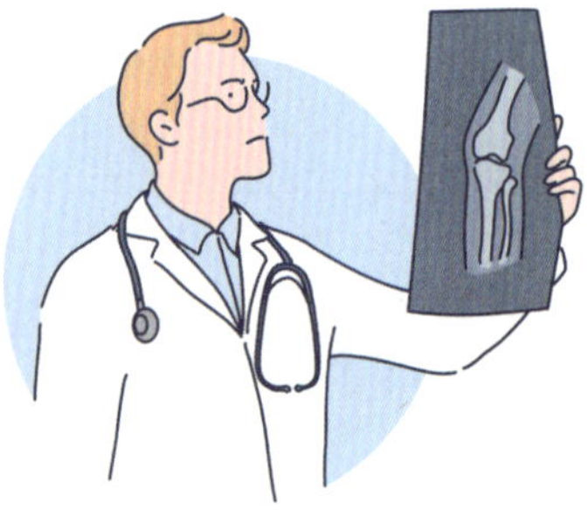

扫描二维码，获取课文和生词音频

王申：小陈，你来汇报一下儿患者的情况。

陈军：好的，王主任。患者郭兰，女，63 岁，已婚，退休。患者的现病史是三年前出现右膝关节疼痛，程度较轻，运动后疼痛加重，休息后可缓解。半年前，右膝关节疼痛症状加重，伴右侧大腿酸胀痛、活动受限，表现为无法长时间行走、上下楼梯困难。入院查体发现右膝关节肿胀，无关节外翻、畸形，无游走性疼痛，膝关节局部无压痛，无摩擦音。患者膝关节影像学检查结果显示右膝关节外侧半月板撕裂，右侧胫骨、股骨膝关节面边缘骨质增生，关

生词

1. 已婚 yǐhūn *v.* to be married
2. 退休 tuìxiū *v.* to retire
3. 现病史 xiànbìngshǐ *n.* history of present illness
4. 受限 shòuxiàn *v.* to be limited to
5. 外翻 wàifān *v.* to be valgus
6. 畸形 jīxíng *adj.* deformed, abnormal
7. 游走性 yóuzǒuxìng *adj.* migratory
8. 摩擦音 mócāyīn *n.* friction sound
9. 外侧 wàicè *n.* lateral
10. 撕裂 sīliè *v.* to tear
11. 边缘 biānyuán *n.* edge
12. 骨质增生 gǔzhì zēngshēng *v.* to have hyperostosis

节间隙狭窄。

王申： 好的。目前的诊断是什么？

陈军： 患者类风湿因子、血沉率检查无异常，可以排除类风湿性关节炎的可能。根据患者的情况和检查结果，诊断是右膝半月板损伤和骨关节炎。

王申： 你给出的治疗方案是什么？

陈军： 结合患者存在活动受限、关节面改变的情况，我认为应该采用膝关节镜手术对患者的半月板进行修复缝合，并对受损关节软骨进行修复再造。

王申： 好的，治疗方案没什么问题。患者和家属同意手术治疗了吗？

陈军： 同意了。上午已经跟他们进行了术前谈话。

王申： 好的。既然已经同意了，就尽快帮患者安排手术吧。术后，要指导患者进行康复训练。一方面，要给患者纠正一些错误的动作姿

⑬ 间隙 jiànxì *n.* space

⑭ 类风湿因子 lèifēngshī yīnzǐ *n.* rheumatoid factor

⑮ 血沉率（红细胞沉降率） xuèchénlǜ (hóngxìbāo chénjiànglǜ) *n.* erythrocyte sedimentation rate (ESR)

⑯ 类风湿性关节炎 lèifēngshīxìng guānjiéyán *n.* rheumatoid arthritis

⑰ 关节镜 guānjiéjìng *n.* arthroscope

⑱ 修复 xiūfù *v.* to repair

⑲ 缝合 fénghé *v.* to suture

⑳ 软骨 ruǎngǔ *n.* cartilage

㉑ 再造 zàizào *v.* to rebuild

㉒ 纠正 jiūzhèng *v.* to correct

势；另一方面，要指导患者通过加强对股四头肌、腓肠肌、臀大肌等骨骼肌的训练来增强膝关节的稳定性。

陈军：好的。

23 股四头肌 gǔsìtóujī *n.* quadriceps
24 腓肠肌 féichángjī *n.* gastrocnemius muscle
25 臀大肌 túndàjī *n.* gluteus maximus
26 骨骼肌 gǔgéjī *n.* skeletal muscle
27 增强 zēngqiáng *v.* to enhance

Note:

类风湿性关节炎

扫描二维码，获取注释内容

活动

答一答

（1）入院查体时患者的情况怎么样？

（2）医生目前的诊断是什么？

（3）医生认为患者在术后应该注意什么？

说一说

（1）**小组讨论：**骨关节炎和类风湿性关节炎有什么不一样？

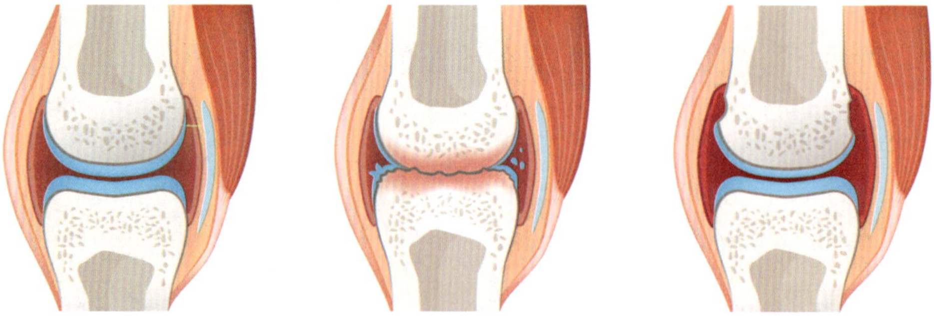

正常关节　　骨关节炎　　类风湿性关节炎

（2）**想一想：**下列两组句子中，A、B 两段话的意思一样吗？分别可能是谁对谁说的？

① A：最近右边膝盖疼得越来越厉害，还觉得右边大腿又酸又胀。有时候膝盖疼得没法儿走远路，也没法儿爬楼梯。

B：右膝关节疼痛症状加重，伴右侧大腿酸胀痛、活动受限，表现为无法长时间行走、爬楼梯困难。

② A：你要多锻炼锻炼大腿和小腿的肌肉，这样才能让膝关节更稳些。

B：建议通过加强对股四头肌、腓肠肌、臀大肌等骨骼肌的训练，来增强膝关节的稳定性。

（3）**成段表达**：请根据“任务二”的示例内容，向患者家属解释治疗方案。

家属您好！从患者的……来看，可以……类风湿性关节炎的……。根据患者的……，可诊断为……和……。……患者存在……、关节面改变的……，我认为应该采用……对患者的半月板进行……，并对……进行……。

演一演

小组活动：两人一组，根据场景提示，使用下列词语模拟患者与医生的对话。

场景提示：患者因右膝酸痛、活动受限到医院就诊，医生根据患者膝部影像学检查结果，告知患者病情及治疗方案。

膝关节、骨关节炎、磨损、软骨、关节镜、关节面、半月板、撕裂、修复、类风湿性关节炎

任务操练

实践

你知道什么是“跑步膝”吗？上网查一查跑步时应该怎样保护我们的膝盖。请你拍个科普小视频或者写一篇科普小短文，说一说运动时应如何保护膝关节。

练习

（一）词语搭配

1. 活动	A. 撕裂
2. 膝关节	B. 受限
3. 半月板	C. 痉挛
4. 关节面	D. 外翻
5. 下肢	E. 光滑

（二）选择正确的词语填空

1. 专家建议，老年人更应该多运动。因为运动可以（1）________肌肉力量，而肌肉对（2）________膝关节的稳定性能起到非常重要的（3）________。

（1）A. 增强　　B. 增生　　C. 增多　　D. 增长

（2）A. 保持　　B. 维持　　C. 支持　　D. 坚持

（3）A. 功能　　B. 影响　　C. 作用　　D. 意义

2. 膝关节软骨会随着年龄的增长逐渐（1）________，严重时甚至会导致骨质（2）________，引起肿痛。特别是运动（3）________或者长时间受寒时，更会加快该病变过程。

（1）A. 损伤　　B. 受损　　C. 损害　　D. 磨损

（2）A. 增加　　B. 增生　　C. 增长　　D. 增强

（3）A. 过量　　B. 过大　　C. 过敏　　D. 过冷

3. 关节镜既可以用于关节腔内部检查，（1）________可以用于手术治疗。比如，我们可以通过膝关节镜检查半月板（2）________的情况，也可以通过膝关节镜手术对受损的半月板进行（3）________缝合。

（1）A. 也　　B. 就　　C. 但　　D. 才
（2）A. 损害　　B. 破裂　　C. 撕裂　　D. 破坏
（3）A. 修改　　B. 修理　　C. 修补　　D. 修复

（三）用指定结构完成对话

1. 张进：老高，你最近怎么都不跑步了？

高生：我最近膝盖疼，一开始只是跑完步疼，现在____。（动词 / 形容词 + 得 + 短语）

张进：膝盖疼可不是小事，最好去医院看看。

2. 医生：你好，请坐。你哪儿不舒服？

患者：大夫，我上下楼梯的时候觉得膝盖疼，一开始休息一会儿就好了，可是最近____。

（一 + 量词 + 比 + 一 + 量词 + 形容词）

3. 儿子：爸，今天去医院，医生怎么说啊？

爸爸：医生说我的膝盖没什么大问题，就是最近要少运动，多休息。

儿子：________________________，咱们________________________。

（既然……，就……）

（四）阅读语段，选择与语段意思一致的一项

1. 膝关节是运动损伤的高发部位。运动前，进行 15 ～ 20 分钟的热身能够帮助运动者提升体温，促进深层肌肉的血液循环，增强关节柔韧性（róurènxìng，flexibility），可以在一定程度上降低膝关节伤病的发生概率（gàilǜ，probability）。在外界温度较低的情况下，最好能进行至少 30 分钟的热身。

A. 运动前做好热身有助于预防膝关节损伤
B. 充分的热身能够帮助运动者增强肌肉力量
C. 热身一定要做到 30 分钟才有效果

2. 针对不同原因引起的膝关节疼痛，处理方式应有所不同。比如，如果是由外伤引起的膝关节疼痛，应立即固定受伤部位，不要随意移动。在没有出血的情况下，可在受伤的 24 小时内通过冰敷暂时缓解疼痛。如果是由骨关节炎引起的膝关节疼痛，应考虑采用局部热敷的方式来进行缓解。

A. 立即固定受伤部位可以缓解由外伤引起的膝关节疼痛

B. 由外伤引起的膝关节疼痛都可以通过冰敷暂时缓解

C. 由骨关节炎引起的膝关节疼痛可以采用局部热敷的方式进行缓解

（五）写作练习

请根据“任务一”和“任务二”的示例内容，写一份病历摘要。

姓名：郭兰	性别：女	年龄：63 岁
科室：骨外科	住院号：47021	床号：2 床

主诉：

现病史：

既往史：

体格检查：

辅助检查结果：

初步诊断：

治疗意见：

医生签名：

年　　月　　日

拓展学习

一、词汇

关节相关词语

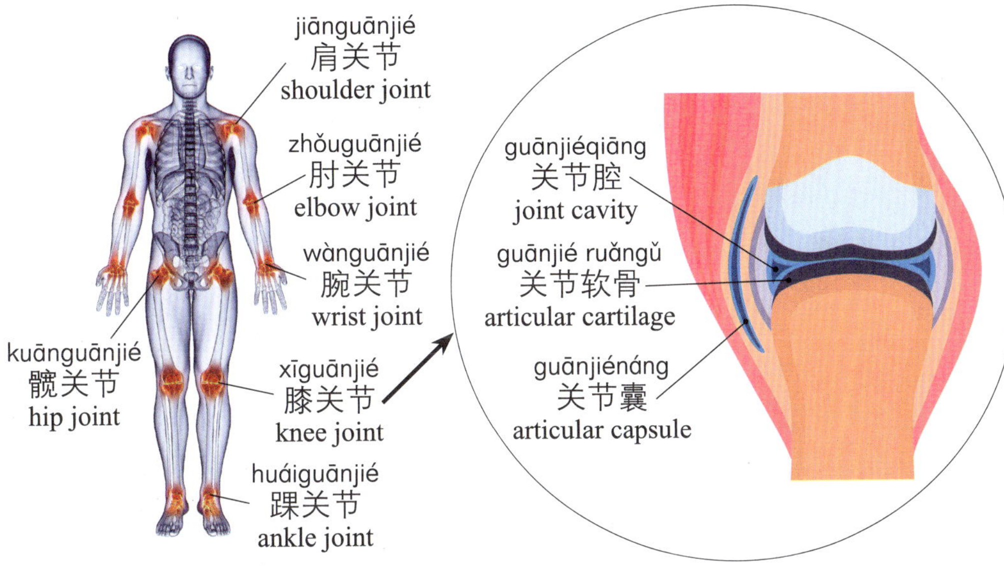

二、阅读

膝关节的“黄金时光”

膝关节承受着人体 60% 的重量，是人体最大的承重关节，也是人体最重要的关节之一。但膝关节却特别脆弱，它的“黄金时光”只有 15 ～ 30 岁之间的这 15 年。

15 岁以前，膝关节还处于发育阶段。因生长发育而出现的“生长痛”常常会发生在膝关节周围。15 岁之后，膝关节发育基本完成。从这时开始一直到 30 岁左右，人们一般不会感觉到膝关节不适或异常。而过了

30 岁，膝关节软骨就开始逐渐出现磨损。膝关节软骨是膝关节内一层 3 到 5 毫米厚的透明软骨，人们在日常生活中的走、跑、跳等动作，都会对它产生磨损。而膝关节软骨属于消耗品，一旦磨损就无法恢复。同时，因为膝关节软骨没有神经分布，大部分人一般较难感觉到膝关节软骨的早期磨损。也有部分人在 30 岁之后，可能会出现持续几个星期到几个月不等的膝关节酸痛。出现这种情况，说明膝关节软骨已经出现了早期轻度磨损。

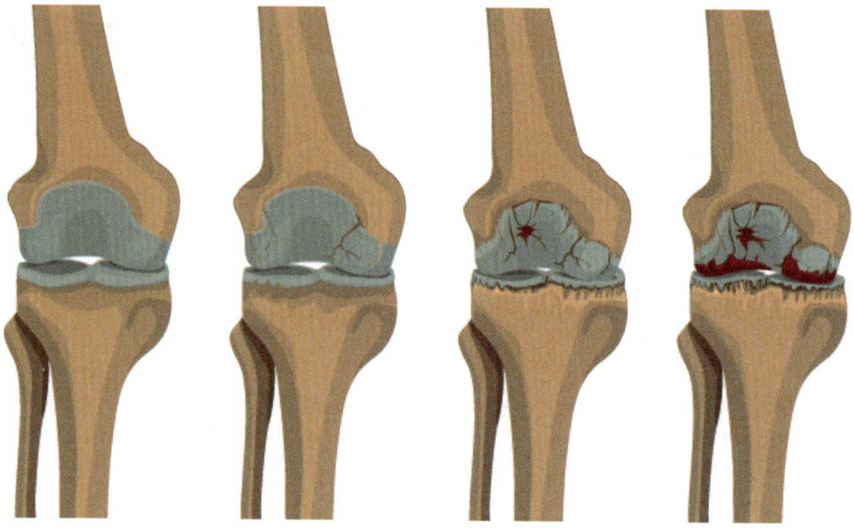

到了 40 岁以后，许多人在走远路之后会觉得膝关节内侧酸痛。此时，膝关节内侧的半月板可能已经出现了退行性病变。而 50 岁以后，人们会感觉到明显的膝关节疼痛。这是因为膝关节的肌腱、韧带都已经开始发生退行性病变。同时，膝关节软骨的寿命也已到，基本出现了全层磨损。再加上关节腔的滑液分泌减少，关节面长期摩擦造成骨质磨损，骨关节炎就这样发生了。炎症会引起膝关节周围组织出现纤维粘连，从而导致膝关节僵硬。因此，膝关节受凉或过度活动时，可能出现膝关节疼痛、肿胀，甚至关节腔积液。更严重的，还会造成关节畸形，导致残疾。

（一）重要医学词语

1. 承重关节	chéngzhòng guānjié		load-bearing joint
2. 脆弱	cuìruò	*adj.*	fragile
3. 透明	tòumíng	*adj.*	transparent
4. 消耗品	xiāohàopǐn	*n.*	consumables
5. 退行性病变	tuìxíngxìng bìngbiàn	*n.*	degenerative lesion
6. 滑液	huáyè	*n.*	synovial fluid

（二）阅读材料，选择正确答案

1. 下列哪个时间段是膝关节的“黄金时光”？

A. 0 ～ 15 岁　　B. 15 ～ 30 岁　　C. 30 ～ 40 岁　　D. 40 ～ 50 岁

2. 为什么人们一般觉察不到膝关节软骨的早期磨损？

A. 膝关节软骨比较厚，不容易磨损

B. 膝关节软骨没有神经分布

C. 膝关节软骨会分泌滑液

D. 膝关节软骨早期磨损不太严重

3. 膝关节软骨的寿命一般在什么时候到期？

A. 15 岁左右　　B. 30 岁以前　　C. 40 岁以后　　D. 50 岁以后

4. 根据短文，下列哪项错误？

A. 膝关节软骨的厚度在 3 ～ 5 毫米

B. 30 岁之后，所有人都会感觉到持续一段时间的膝关节疼痛

C. 膝关节僵硬是因为骨关节炎会导致纤维粘连

D. 严重的骨关节炎可能导致残疾

自我评估

一、生词知多少

你认识下列词语吗？如果认识，请在词语前的“□”里画“√”；如果不认识，请再复习复习。

□ 已婚	□ 退休	□ 灵活	□ 间隙
□ 稍微	□ X 光片	□ 外侧	□ 边缘
□ 负担	□ 纠正	□ 增强	□ 受限
□ 痉挛	□ 抽筋	□ 撕裂	□ 磨损
□ 修复	□ 缝合	□ 再造	□ 游走性
□ 现病史	□ 残疾	□ 外翻	□ 畸形
□ 脚趾	□ 膝关节	□ 关节面	□ 关节镜
□ 半月板	□ 软骨	□ 股四头肌	□ 腓肠肌
□ 臀大肌	□ 骨骼肌	□ 骨质增生	□ 骨关节炎
□ 类风湿性关节炎	□ 类风湿因子	□ 血沉率	□ 关节
□ 摩擦音			

掌握了 25 个以上：非常好，为你点赞！

掌握了 20 ～ 25 个：不错，继续努力！

掌握了 19 个及以下：好好复习，下次加油！

二、你知道怎么说吗？

你知道下列几种情况应该怎么说吗？如果知道，请在句子前的“□”里画“√”。

□ 向上级医生汇报课文中患者的现病史。

□ 向上级医生汇报课文中患者的主诉、体格检查和辅助检查结果。

□ 介绍课文中患者的治疗方案和术后康复训练重点。

第八课

孩子的动脉导管还有闭合的可能吗？

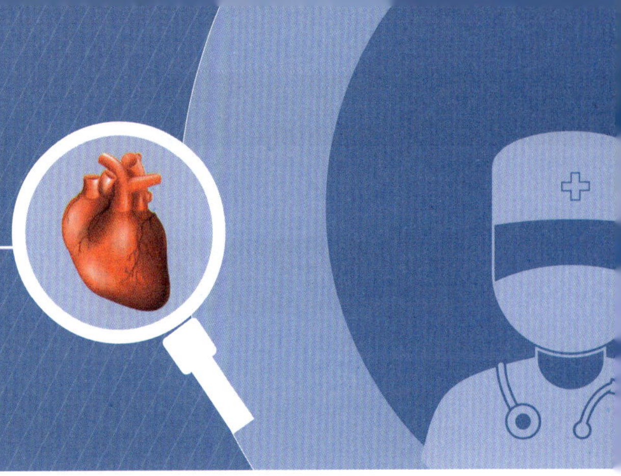

主题热身

一、给下列词语选择对应的图片

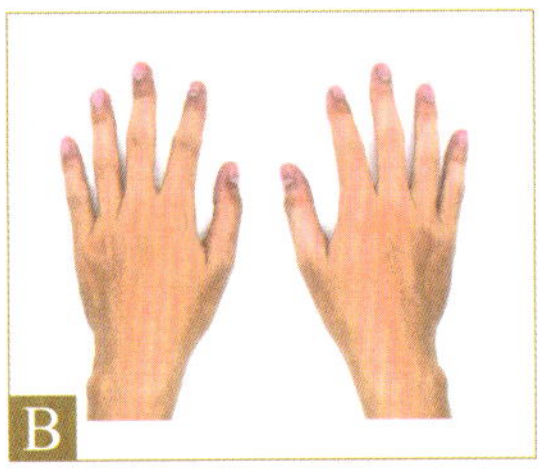

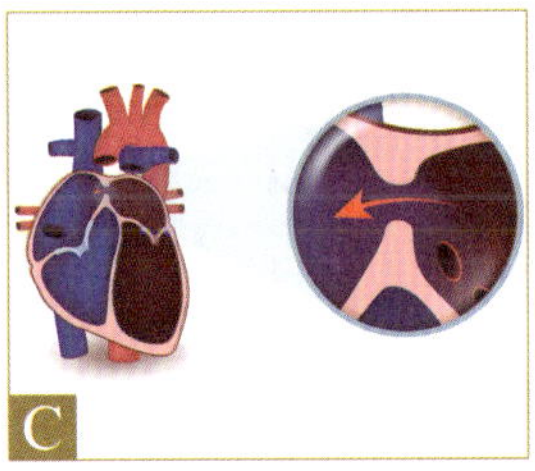

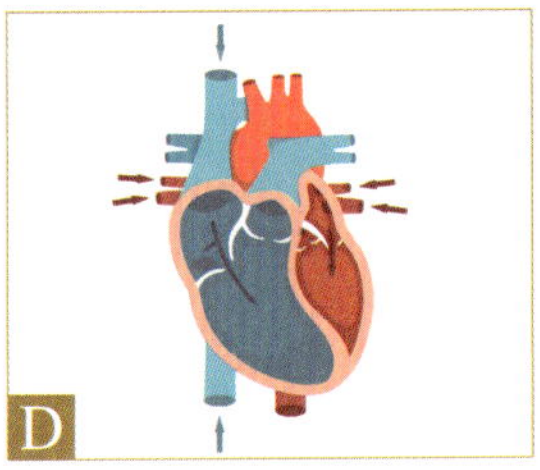

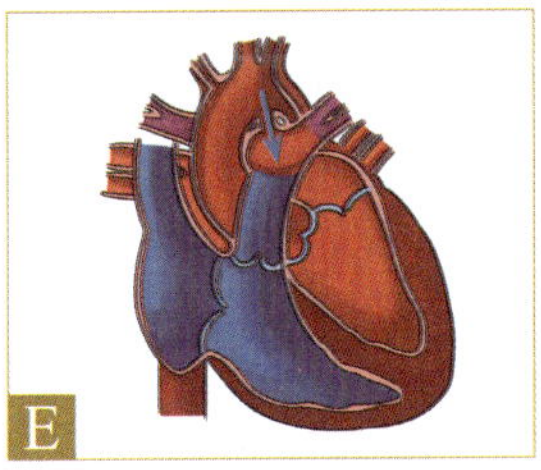

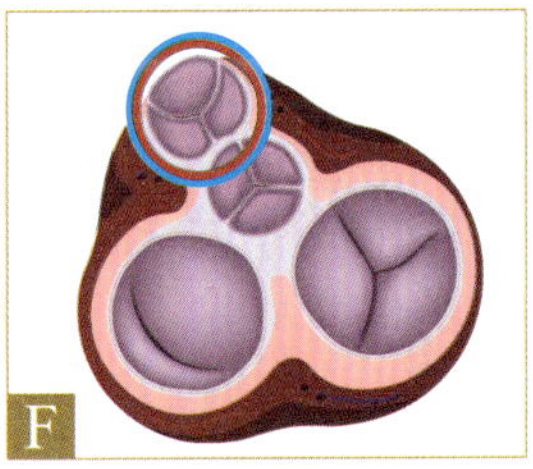

1. 舒张期________　　2. 早产儿________　　3. 肺动脉瓣________

4. 房间隔缺损________　　5. 动脉导管未闭________　　6. 发绀________

二、听对话，选择正确答案

1. 孩子的脸为什么紫了？

A. 摔倒了　　B. 咳嗽　　C. 哮喘

2. 孩子 6 个月体检时，发现身体哪个部位有问题？

A. 肺　　B. 大脑　　C. 心脏

3. 父母打算给孩子做什么检查？

A. 心脏彩超　　B. 腹部 B 超　　C. 胸部 X 线

扫描二维码，获取听力音频

任务学习

任务一　动脉导管未闭患儿的问诊

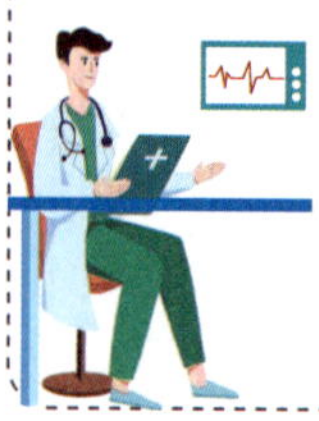

任务描述： 患儿半岁体检时发现动脉导管未闭，家长带患儿到小儿心外科复查，并询问是否需要手术治疗。

准备

语言点 1　选择复句：要么……，要么……

读一读

读句子，判断意思理解是否正确

每次体检，医生要么说太瘦，要么说太矮。

每次体检，医生不是说太瘦，就是说太矮。（　　）

学一学

“要么……”分别在两个相关小句的前面，“要么……，要么……”表示只有两种选择，一般用在口语中。

例句

（1）这段时间，要么腹胀，要么腹泻，也不知道肠胃出了什么问题。

（2）老师说我们只能选一家医院实习，要么去中心医院，要么去第一医院。

（3）医生说就两种治疗方案，要么做开胸手术，要么做介入治疗。

练一练

用“要么……，要么……”完成句子

（1）对这个病人来说，我认为目前只有两种治疗方案，________________。

（2）从他的症状和检查结果来看，________________。

（3）________________，我只对这两个专业感兴趣。

语言点2　让步复句：即使……，也……

读一读

读句子，选择与句子意思一致的一项

即使是进行介入微创手术，也不能做局麻，得全麻。

A. 只要是进行介入微创手术，就不能做局麻，得全麻

B. 哪怕是进行介入微创手术，也不能做局麻，得全麻

C. 连进行介入微创手术都不能做局麻，得全麻

学一学

“即使……，也……”常用于表示让步关系的复句。前一小句用“即使”引出某一可能出现的情况，后一小句用“也”表示无论前一小句的情况是否出现，结果都一样。

例句

（1）即使这个手术很简单，也是有一定风险的。

（2）即使病人有再多的问题，他也会耐心地为病人解释。

（3）即使化疗再痛苦，你也要坚持。

练一练

用“即使……，也……”完成句子

（1）________________，我们也要治好父亲的病。

（2）即使学习医学很辛苦，________________。

（3）________________，你也要按时到医院复查。

示例

- 科室：小儿心外科（门诊）
- 患儿：王欣（女，1 岁半）
- 医生：游静（主任医师）
- 患者家属：王超（患儿父亲）
  林婷（患儿母亲）

扫描二维码，获取课文和生词音频

王超： 游主任，您好！我家孩子 6 个月的时候，发现动脉导管未闭。当时，医生说孩子还小，动脉导管还存在闭合的可能，建议我们先观察。上周，给她做了个心脏彩超。报告上说动脉导管还是没有闭合，您看孩子现在是不是得做手术了？

游静： 从彩超的结果来看，孩子动脉导管未闭的情况确实还存在。您把孩子抱好，我听一下儿孩子的心音。

（听心音）

游静： 孩子心脏收缩期和舒张期都有明显的杂音。孩子现在多大了？

王超： 1 岁半了。

游静： 身高、体重多少？

林婷： 身高 70 厘米左右，体重大概 7 公

生词

1. 动脉导管未闭 dòngmài dǎoguǎn wèibì patent ductus arteriosus (PDA)
2. 闭合 bìhé *v.* to close
3. 抱 bào *v.* to hold in the arms
4. 心音 xīnyīn *n.* heart sounds
5. 收缩期 shōusuōqī *n.* systole
6. 舒张期 shūzhāngqī *n.* diastole
7. 杂音 záyīn *n.* murmur

斤。每次体检，医生要么说太矮，要么说太瘦。身高、体重老是不达标。

游静：孩子看着个子是比较小。是早产儿吗？

林婷：是，36 周生的。

游静：孩子平时身体怎么样？

林婷：我觉得她体质比较差，总是感冒。前两周还得了肺炎，一直咳嗽，咳得脸都紫了。

游静：平时孩子的下肢也是这样青紫色的吗？

王超：以前都没发现，最近两三个月才发现。这也是动脉导管未闭引起的吗？

游静：是的。

王超：啊？那孩子的动脉导管还有闭合的可能吗？

游静：动脉导管是胎儿血液循环的重要组成部分。胎儿出生后，随着肺循环的建立，动脉导管一般会在 3 个月内完全闭合。现在孩子已经 1

8 矮　ǎi　*adj.*　short

9 达标　dábiāo　*v.*　to reach the standard

10 早产儿　zǎochǎn'ér　*n.*　premature baby, preemie

11 紫　zǐ　*adj.*　purple

12 青紫色　qīngzǐsè　cyan and purple

岁半了，动脉导管未闭自愈的可能性不大。从孩子目前的情况来看，我们建议进行手术治疗。

王超：那可以等孩子大一点儿再做手术吗？

游静：孩子心脏彩超显示动脉导管直径大约有 2.5 毫米。目前，孩子已经出现了生长发育迟缓、反复肺部感染、下肢发绀等症状。如果动脉导管持续开放，还可能会出现感染性心内膜炎、充血性心力衰竭、肺动脉高压等严重的并发症。我们建议还是要尽早进行手术治疗。

王超：这样啊。如果手术的话，孩子是不是要全麻？

游静：是的。现在孩子还小，没有办法配合，不能局麻，得全麻。

王超：好的。那这个手术风险大吗？

游静：动脉导管未闭是一种常见的小儿先天性心脏病，手术难度不大。当然，既然是手术，就会有一定的风险。

王超：好的。那我们再商量商量。

⑬ 毫米 háomǐ *m.* millimeter

⑭ 迟缓 chíhuǎn *adj.* tardy

⑮ 发绀 fāgàn *v.* to suffer from cyanosis

⑯ 感染性心内膜炎 gǎnrǎnxìng xīnnèimóyán *n.* infective endocarditis

⑰ 充血性心力衰竭 chōngxuèxìng xīnlì shuāijié *n.* congestive heart failure

⑱ 肺动脉高压 fèidòngmài gāoyā *n.* pulmonary hypertension

⑲ 局麻（局部麻醉）júmá (júbù mázuì) *v.* local anesthesia

Note:

1. 胎儿血液循环
2. 感染性心内膜炎
3. 充血性心力衰竭

扫描二维码，获取注释内容

活动

答一答

（1）患儿为什么要做心脏彩超？

（2）患儿的心脏听诊有什么异常？

（3）为什么患儿动脉导管未闭自愈的可能性不大？

（4）为什么医生建议尽快对患儿进行手术治疗？

说一说

小组讨论：什么是动脉导管未闭？动脉导管未闭可能出现下列哪些症状？请在对应症状前的“□”里画“√”。如果你们认为还可能出现其他症状，请写在下面。

□ 反复咳嗽

□ 易患感冒、肺炎

□ 气喘

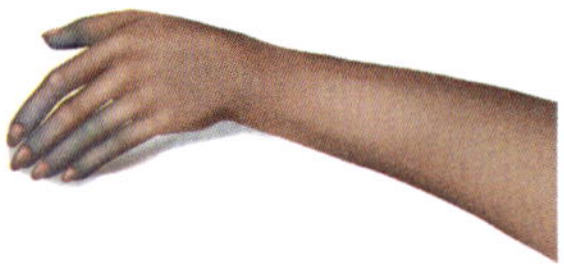

□ 发绀

□ 胸闷

□ 发育不达标

其他症状：________________________________

读一读

读报告单，判断正误

检验报告单

姓名：王欣　　性别：女　　年龄：18 个月
申请科室：小儿心外科　　诊断：动脉导管未闭
检验项目：血常规 + CRP　　样本类型：血清

序号	项目	结果	参考值	单位
1	白细胞计数	12.77 ↑	4.00 ～ 10.00	10^9/L
2	中性粒细胞	79.40 ↑	50.00 ～ 70.00	%
3	淋巴细胞	14.70 ↓	20.00 ～ 40.00	%
4	单核细胞	5.90	3.00 ～ 8.00	%
5	嗜酸性粒细胞	0.00	0.00 ～ 5.00	%
6	嗜碱性粒细胞	0.00	0.00 ～ 1.00	%
7	中性粒细胞绝对数	6.96	1.50 ～ 7.00	10^9/L
8	淋巴细胞绝对数	1.29	0.80 ～ 4.00	10^9/L
9	单核细胞绝对数	0.52	0.12 ～ 0.80	10^9/L
10	嗜酸性粒细胞绝对数	0.00	0.00 ～ 0.50	10^9/L
11	嗜碱性粒细胞绝对数	0.00	0.00 ～ 0.10	10^9/L
12	红细胞计数	3.58	3.50 ～ 6.00	10^{12}/L
13	血红蛋白	98.0 ↓	120.0 ～ 165.0	g/L
14	红细胞比积	29.1 ↓	40.0 ～ 50.5	%
15	平均红细胞血红蛋白含量	27.4	27.3 ～ 34.4	pg
16	平均红细胞体积	81.2	80.0 ～ 100.0	fl
17	平均红细胞血红蛋白浓度	337.0	320.0 ～ 360.0	g/L
18	红细胞体积分布宽度-SD	37.1	37.0 ～ 54.0	fl
19	红细胞体积分布宽度-CV	12.3	11.0 ～ 16.0	%
20	血小板计数	360 ↑	100 ～ 300	10^9/L
21	血小板比容	0.31 ↑	0.06 ～ 0.28	%
22	平均血小板体积	8.5	6.4 ～ 12.1	fl
23	血小板体积分布宽度	15.3	9.0 ～ 17.0	%
24	C 反应蛋白	25.59 ↑	0.00 ～ 2.00	mg/L

申请时间：×× 年 ×× 月 ×× 日　　接收时间：×× 年 ×× 月 ×× 日
采样时间：×× 年 ×× 月 ×× 日

（1）患者做了血常规和生化全套检查。（　　）

（2）患者的血红蛋白和 C 反应蛋白都明显偏高。（　　）

（3）患者的白细胞和血小板数量都高于正常值。（　　）

任务二　小儿室间隔缺损的病例讨论

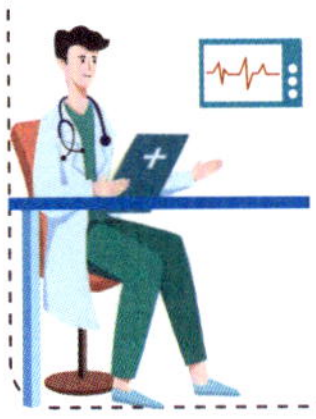

任务描述：心外科带教医生组织实习生对小儿室间隔缺损病例进行讨论。

准备

语言点　兼语句：A + 使 / 让 / 叫 / 令 + B + 动词短语

读一读

读句子，选择与句中加点词语意思一致的一项

不断升高的肺动脉压会使血液出现双向或右向左分流。

A. 让　　　　B. 跟　　　　C. 而

学一学

“A + 使 / 让 / 叫 / 令 + B + 动词短语”是一个兼语句结构。其中，“A”是全句的主语，“B”是“使 / 让 / 叫 / 令”的宾语，也是“动词短语”的主语。“使 / 让 / 叫 / 令”在句中表致使义，“让 / 叫”多用于口语。

例句

（1）连续的化疗使他出现了严重的消化道反应。

（2）肺移植让我获得了第二次生命。

（3）他的决定令人大吃一惊。

练一练

组词成句

（1）我　叫　主任　到　科室　早点儿

____

（2）再也　抽烟　这次中风　让　不敢　他　了

____

（3）使　肝组织　乙肝病毒　可能　纤维化　出现

____

示例

- 科室：小儿心外科（示教室）
- 带教医生：顾曼（主任医师）
- 实习生 1：王平
- 实习生 2：陆思雅

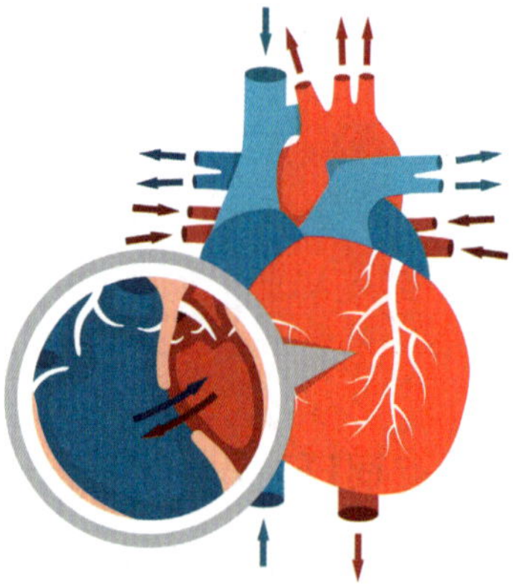

扫描二维码，获取课文和生词音频

顾　曼：大家好！今天，我们来复习一下儿小儿先天性心脏病的相关知识。大家知道，引起血液由左向右分流的小儿先心病主要有房间隔缺损、室间隔缺损和动脉导管未闭三种。下面我们来看一个病例。

患儿，女，3 岁，营养状况

生词

1. 先天性心脏病（先心病） xiāntiānxìng xīnzàngbìng (xiānxīnbìng) *n.* congenital heart disease (CHD)
2. 分流 fēnliú *v.* to shunt
3. 房间隔缺损 fángjiàngé quēsǔn *n.* atrial septal defect (ASD)
4. 室间隔缺损 shìjiàngé quēsǔn *n.* ventricular septal defect (VSD)

较差，生长发育迟缓，有反复肺炎病史，呼吸偏快，但无明显发绀。查体心尖搏动增强并向左下移位，胸骨左缘第三、四肋间有粗糙的全收缩期杂音伴震颤，肺动脉瓣听诊区第二心音亢进。X线提示左、右心室肥大，肺血多。根据患儿的这些症状和体征，请大家判断一下儿患儿得的是哪种先心病。

王 平：主任，我觉得这个患儿应该是室间隔缺损。

顾 曼：很好！说说你是怎么判断的。

王 平：胸骨左缘第三、四肋间全收缩期杂音和左、右心室增大是室间隔缺损的典型体征，而房间隔缺损主要表现为右心增大，心脏杂音一般位于胸骨左缘第二、三肋间。动脉导管未闭主要表现为左心增大，胸骨左缘第二、三肋间上方收缩期和舒张

5 心尖搏动 xīnjiān bódòng apex beat
6 移位 yíwèi *v.* to shift
7 左缘 zuǒyuán *n.* left border
8 肋间 lèijiān *n.* that which is intercostal
9 粗糙 cūcāo *adj.* rough
10 震颤 zhènchàn *v.* to tremble
11 肺动脉瓣 fèidòngmàibàn *n.* pulmonary valve
12 亢进 kàngjìn *v.* to suffer from hyperfunction
13 心室 xīnshì *n.* ventricle
14 肥大 féidà *adj.* hypertrophied
15 肺血 fèixuè *n.* pulmonary blood
16 增大 zēngdà *v.* to enlarge
17 位于 wèiyú *v.* to be located in
18 上方 shàngfāng *n.* upward side

期都有杂音。

顾　曼：不错。除了心脏杂音、心房或心室肥大以外，动脉导管未闭还可能出现什么典型体征？

陆思雅：老师，是不是还可能出现周围血管征？

顾　曼：对。动脉导管未闭患儿常见的周围血管征有水冲脉、枪击音等。大家要记住这些典型症状和体征，这样才能更好地进行鉴别诊断。请大家再想一想，这个患儿还存在什么问题。

王　平：老师，肺动脉瓣区第二心音亢进是不是说明患儿出现了肺动脉高压？这种情况是不是应该尽早进行手术治疗？

顾　曼：对。从症状和体征来看，这个患儿的室间隔缺损较大，且合并肺动脉高压。如果不尽快通过手术对缺损部分进行封堵，不断升高的肺动脉压会使血液双向或右向左分流，出现艾森曼格综合征。

⑲ 周围血管征 zhōuwéi xuèguǎnzhēng *n.* peripheral vascular signs

⑳ 水冲脉 shuǐchōngmài *n.* water hammer pulse

㉑ 枪击音 qiāngjīyīn *n.* pistol-shot sound

㉒ 鉴别诊断 jiànbié zhěnduàn differential diagnosis

㉓ 合并 hébìng *v.* to be complicated by another illness

㉔ 封堵 fēngdǔ *v.* to occlude

㉕ 艾森曼格综合征 Àisēnmàngé Zōnghézhēng *n.* Eisenmenger syndrome

艾森曼格综合征是实施室间隔缺损封堵术的主要禁忌证之一。一旦出现艾森曼格综合征，就只能通过肺移植或心肺联合移植进行治疗了。

㉖ 实施　shíshī　*v.*
to carry out
㉗ 禁忌证　jìnjìzhèng　*n.*
contraindication

Note:
1. 心尖搏动　　2. 周围血管征

扫描二维码，获取注释内容

活动

答一答

（1）引起血液由左向右分流的小儿先心病主要有哪几种?
（2）王平认为患儿得的是哪种病？为什么?
（3）肺动脉瓣区第二心音亢进说明什么？如果患儿病情进一步发展，会怎么样?

说一说

（1）可以根据哪些典型体征对房间隔缺损、室间隔缺损和动脉导管未闭这三种小儿先心病进行鉴别诊断?

疾病类型	鉴别诊断依据 (yījù, basis)
房间隔缺损 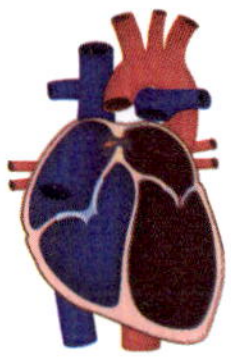	
室间隔缺损 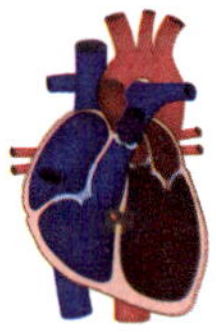	
动脉导管未闭 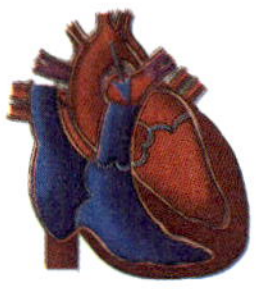	

（2）**小组讨论：**下列两组句子中，A、B 两段话的意思一样吗？分别可能是谁对谁说的？

① A：患儿营养较差，生长发育迟缓，有反复肺炎病史，呼吸偏快，但无明显发绀。

B：孩子有些营养不良，身高、体重都不达标。平时呼吸比较急，很容易得肺炎。不过，没有发现皮肤青紫的情况。

② A：孩子室间隔缺损比较大，已经出现了肺动脉高压。我们建议尽快给孩子做手术，封堵缺损的地方。

B：患儿室间隔缺损较大，且合并肺动脉高压，应尽早通过手术对缺损部分进行封堵。

（3）**成段表达：**请根据“任务二”的示例内容，向你的上级医生汇报患儿病情。

患儿，女，3 岁，营养状况较差，生长发育……，有……病史，呼吸偏快，但无……。查体……，胸骨左缘第三、四肋间有……，……亢进。X 线提示……。从患儿的症状和体征来看，……较大，且合并……，应尽早……。如果病情进一步发展，一旦……，患儿就只能……。

演一演

小组活动：两人一组，根据场景提示，使用下列词语模拟患儿家长与医生的对话。

场景提示：因患儿生长发育迟缓、反复肺炎，患儿家长带患儿到小儿心外科就诊。医生根据患儿的症状、体征及影像学检查结果，向患儿家长说明病情。

青紫色、先心病、室间隔缺损、心房、心室、心音、粗糙、杂音、肥大、合并、肺动脉高压、封堵、艾森曼格综合征

任务操练

实践

患有先天性心脏病的宝宝，又被称为“先心宝宝”。“先心宝宝”需要接受治疗吗？请你拍个科普小视频或者写一篇科普小短文，介绍一下儿小儿先天性心脏病的主要类型、典型症状和体征、治疗方法。

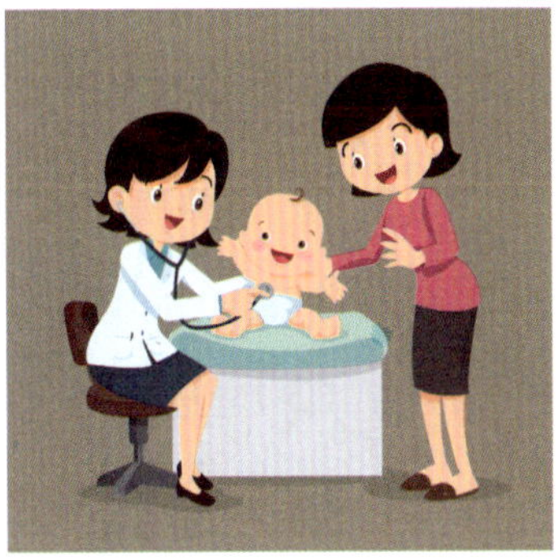

练习

（一）词语搭配

1. 心房
2. 导管
3. 发育
4. 下肢
5. 心尖

A. 迟缓
B. 搏动
C. 肥大
D. 闭合
E. 发绀

（二）选择正确的词语填空

1. 新生儿期动脉导管未闭（1）________肺动脉高压或心力（2）________，患儿可能出现（3）________血管征，如水冲脉、枪击音和双重杂音等体征。

（1）A. 合成　B. 合并　C. 结合　D. 综合

（2）A. 衰竭　B. 下降　C. 萎缩　D. 不全

（3）A. 表面　B. 全面　C. 范围　D. 周围

2. 室间隔缺损较大的患儿常表现为发育（1）________、肺部易感染、活动后心慌气短。同时，心脏（2）________在胸骨第三、四肋间可听到粗糙的全收缩期（3）________，多数伴震颤。

（1）A. 推迟　B. 迟缓　C. 延长　D. 延缓

（2）A. 触诊　B. 叩诊　C. 问诊　D. 听诊

（3）A. 杂音　B. 发音　C. 声音　D. 心音

3. 如果室间隔缺损未得到及时治疗，（1）________肺动脉压不断升高，心脏血液可能发生双向或右向左（2）________，出现艾森曼格综合征。（3）________出现艾森曼格综合征，患者就只能通过移植治疗了。

（1）A. 随时　B. 伴有　C. 伴着　D. 随着

（2）A. 分泌　B. 分开　C. 分流　D. 分别

（3）A. 一旦　B. 即使　C. 哪怕　D. 既然

（三）用指定结构完成对话

1. 实习生 1：咱们下周什么时候开病例讨论会？

实习生 2：________________________________，下周三主任就要出差了。

（要么……，要么……）

2. 实 习 生：主任，患者要是出现了艾森曼格综合征，是不是就没有什么办法治疗了？

带教医生：____。

（即使……，也……）

3. 丈夫：你怎么还不睡觉啊？明天早上还要手术呢！

妻子：今天术前谈话的时候，医生说了那么多可能出现的风险，＿＿＿＿＿＿＿＿

＿＿＿＿＿＿＿＿＿＿＿＿＿＿＿＿＿＿＿＿＿＿＿＿＿＿＿＿＿＿。

（A + 使 / 让 / 叫 / 令 + B + 动词短语）

（四）阅读语段，选择与语段意思一致的一项

1. 动脉导管是胎儿时期连接肺动脉和主动脉的通道。正常情况下，胎儿出生后动脉导管会闭合。动脉导管未闭是指动脉导管未发生闭合，仍持续开放。动脉导管未闭患儿可能出现生长发育迟缓、营养不良、心动过速、呼吸急促等症状。一般来说，动脉导管未闭可通过超声心动图诊断。如果患儿 1 周岁后动脉导管仍未闭合，应尽早通过手术进行治疗。

A. 正常情况下，动脉导管在胎儿时期是闭合的

B. 做超声心动图检查可以诊断患儿是否患有动脉导管未闭

C. 小于 1 周岁的动脉导管未闭患儿不能进行手术治疗

2. 先天性心脏病是儿童最常见的先天畸形之一。先天性心脏病的发病与胎儿生长发育的环境有较大关系。宫内机械性压迫或宫内感染都会对胎儿心脏发育造成影响，产生畸形。同时，妊娠期妇女服用致畸药物或存在营养障碍、维生素缺乏等代谢性疾病，也会导致胎儿发育畸形，引起先天性心脏病。此外，妊娠期妇女存在吸烟、酗酒等不良嗜好［shìhào，(usually bad) hobby］，也可能增加胎儿患先天性心脏病的概率。

A. 先天性心脏病的发病主要与遗传因素有关

B. 胎儿发生宫内感染是造成先天性心脏病的最主要原因

C. 妊娠期特别是孕早期，孕妇应尽量避免使用药物，禁用高风险药物

（五）写作练习

请根据“任务一”的示例内容，写一份病历摘要。

姓名：王欣　　性别：女　　年龄：18 个月
科室：小儿心外科　　住院号：23052　　床号：5 床

主诉：

现病史：

既往史：

体格检查：

辅助检查结果：

初步诊断：

治疗意见：

医生签名：
年　　月　　日

拓展学习

一、词汇

心脏相关词语

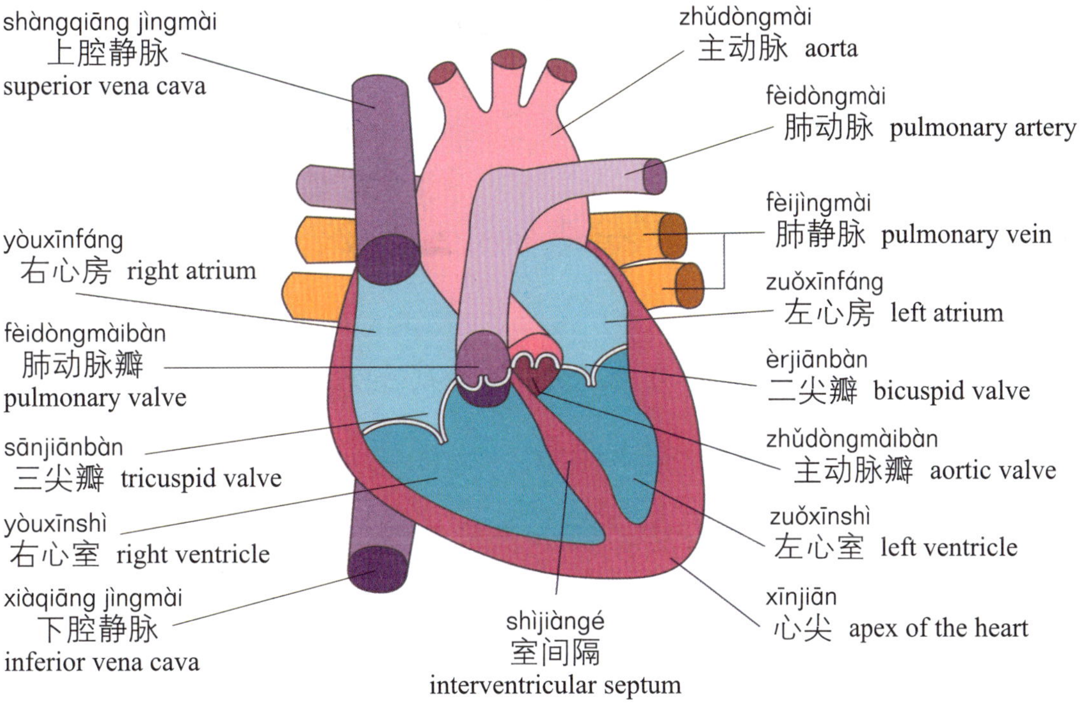

二、阅读

关爱生命，点燃“心”希望

先天性心脏病，又称先心病，是胎儿时期心脏血管发育异常而形成的先天畸形。据了解，中国目前有约200万先心病患儿，先天性心脏病已成为中国0～5岁婴幼儿致死的最主要原因之一。

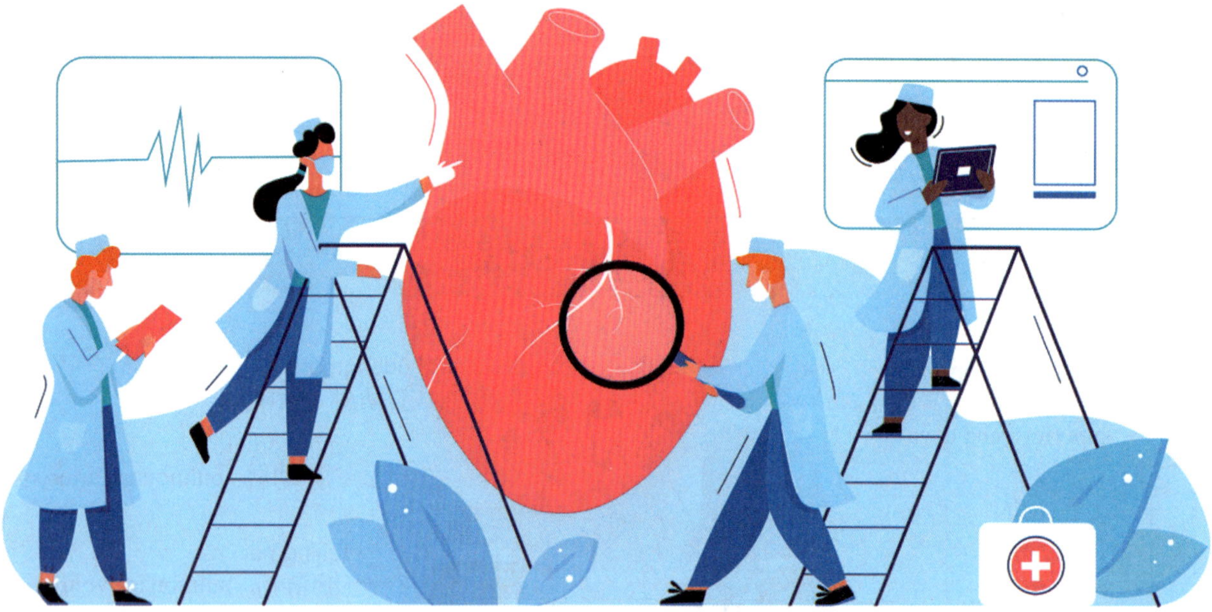

一般来说，只有少部分先天性心脏病患儿不需要治疗或有自愈的可能，大多数患儿需要进行手术治疗。及时接受手术治疗，90% 以上的先天性心脏病患儿都可以痊愈。但如果没有及时进行治疗，先天性心脏病可能引发缺氧、反复肺部感染、肺动脉高压、感染性心内膜炎、心力衰竭等一系列并发症，严重的可危及生命。据统计，先天性心脏病患儿如果没有接受及时治疗，约 1/3 的患儿会在出生后 1 年内因严重并发症而死亡。因此，早诊早治、及时干预能有效避免和减少先天性心脏病的并发症，降低手术风险，挽救患儿生命。

2022 年起，中国开始全面推行新生儿先天性心脏病免费筛查。在新生儿出生后的 6 ～ 72 小时内，通过心脏听诊、经皮动脉血氧饱和度监测等对新生儿进行先天性心脏病筛查。此外，为了避免先天性心脏病患儿因为家庭贫困无法得到及时治疗，在 2016 年中国政府启动的农村贫困人口大病专项救治工作方案中，先天性心脏病被列入了农村贫困人口大病专项救治病种。在农村特困人员和低保对象中，室间隔缺损、房间隔缺损、肺动脉狭窄和动脉导管未闭四种最常见的先天性心脏病患儿都可以申请大病救助。而其他不符合贫困人口大病救助政策的 0 ～ 14 岁先天性心脏病患儿，可通过城镇居民基本医疗保险或新型农村合作医疗保险对治疗费用进行报销。这些就医政策在最大程度上减轻了先天性心脏病患儿家庭的经济负担，提高了先天性心脏病患儿的救治率。

（一）重要医学词语

1. 痊愈	quányù	*v.*	to recover
2. 挽救	wǎnjiù	*v.*	to save
3. 经皮动脉血氧饱和度	jīngpí dòngmài xuèyǎng bǎohédù	*n.*	percutaneous arterial oxygen saturation

（二）阅读材料，选择正确答案

1. 小儿先天性心脏病是哪个时期心脏血管发育异常而形成的先天畸形？

A. 胎儿时期　　B. 婴儿时期　　C. 儿童时期　　D. 青少年时期

2. 根据短文，大多数的先心病患儿需要接受什么治疗？

A. 药物治疗　　B. 物理治疗　　C. 手术治疗　　D. 放射治疗

3. 在中国农村特困人员和低保对象中，下列哪种先心病的患儿不能申请大病救助？

A. 室间隔缺损　　B. 房间隔缺损

C. 动脉导管未闭　　D. 艾森曼格综合征

4. 根据短文，下列哪项正确？

A. 先天性心脏病是全球 0 ～ 5 岁婴幼儿致死的最主要原因之一

B. 通过手术治疗，所有的先天性心脏病患儿都可以痊愈

C. 中国的新生儿先天性心脏病免费筛查只包括心脏听诊

D. 在中国，先天性心脏病属于农村贫困人口大病专项救治病种

自我评估

一、生词知多少

你认识下列词语吗？如果认识，请在词语前的“□”里画“√”；如果不认识，请再复习复习。

□ 抱	□ 矮	□ 紫	□ 毫米
□ 增大	□ 达标	□ 分流	□ 粗糙
□ 位于	□ 上方	□ 鉴别诊断	□ 肥大
□ 闭合	□ 合并	□ 移位	□ 亢进
□ 封堵	□ 震颤	□ 发绀	□ 青紫色
□ 迟缓	□ 早产儿	□ 收缩期	□ 舒张期
□ 心音	□ 杂音	□ 枪击音	□ 水冲脉
□ 周围血管征	□ 艾森曼格综合征	□ 心室	□ 室间隔缺损
□ 房间隔缺损	□ 左缘	□ 肋间	□ 肺动脉瓣
□ 肺血	□ 心尖搏动	□ 先天性心脏病	□ 动脉导管未闭
□ 肺动脉高压	□ 充血性心力衰竭	□ 感染性心内膜炎	□ 禁忌证
□ 局麻	□ 实施		

掌握了 25 个以上：非常好，为你点赞！

掌握了 20 ~ 25 个：不错，继续努力！

掌握了 19 个及以下：好好复习，下次加油！

二、你知道怎么说吗？

你知道下列几种情况应该怎么说吗？如果知道，请在句子前的“□”里画“√”。

□ 简单描述动脉导管未闭患儿可能出现的症状和体征。

□ 简单说明动脉导管未闭、房间隔缺损、室间隔缺损的典型体征。

□ 简单说明室间隔缺损未得到及时治疗可能导致的后果。

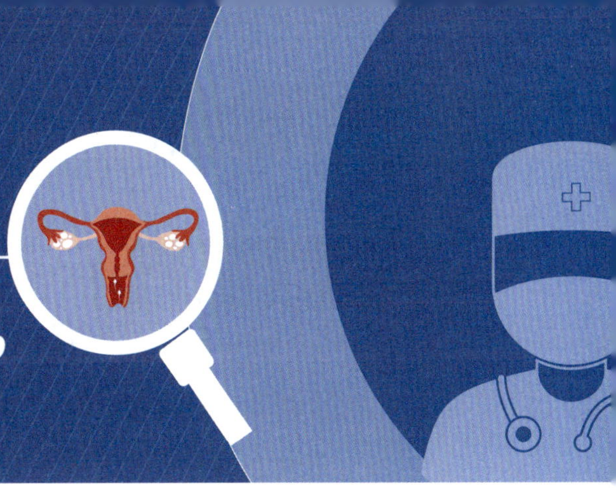

第九课

要是一直怀不上的话，怎么办？

主题热身

一、给下列词语选择对应的图片

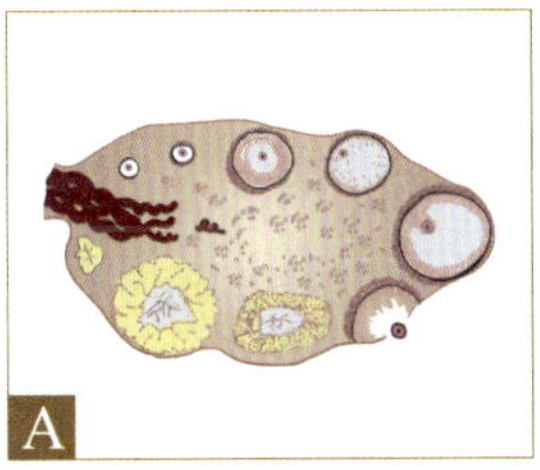

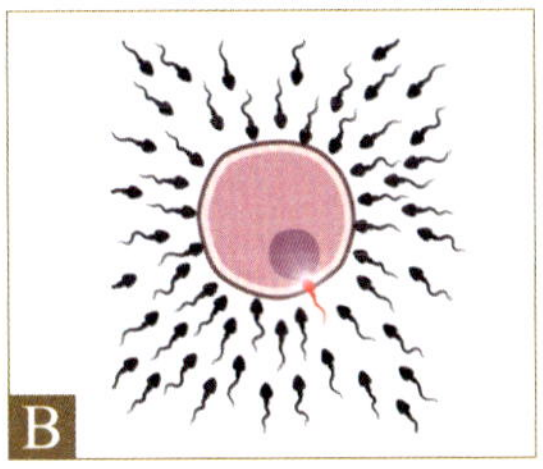

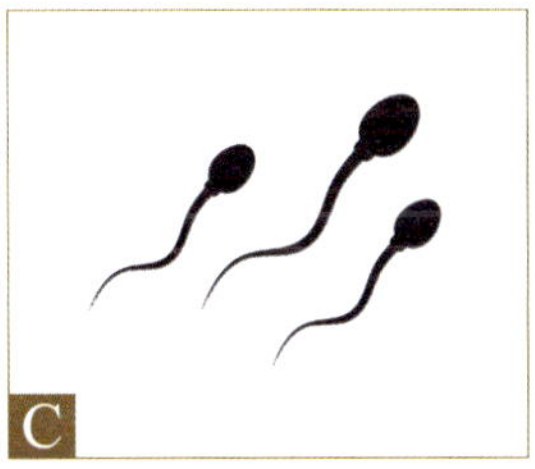

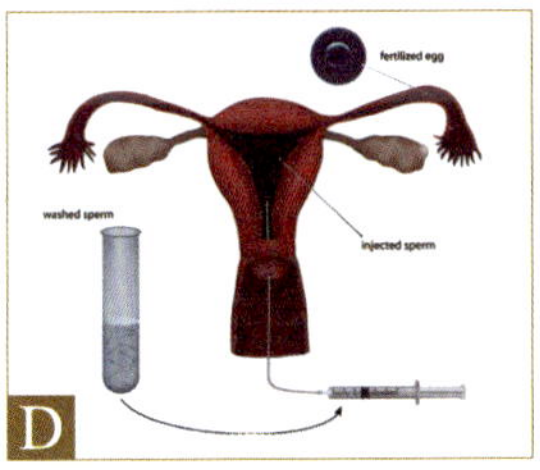

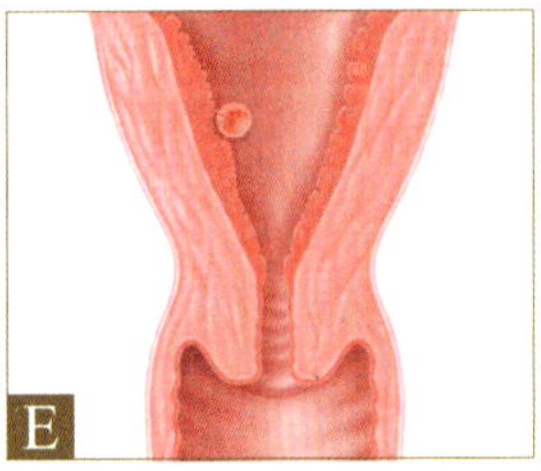

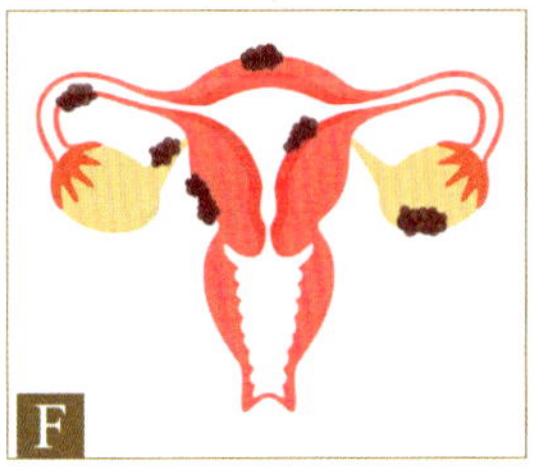

1. 受精卵________　　2. 着床________　　3. 人工授精________

4. 排卵________　　5. 子宫内膜异位症________　　6. 精子________

二、听对话，选择正确答案

1. 女的结婚多长时间了？

　A. 1 年　　B. 3 年　　C. 5 年

2. 女的月经有什么问题？

　A. 时间不准　　B. 月经量大　　C. 痛经

3. 医生建议女的做什么检查？

　A. 白带检查　　B. 阴道彩超　　C. 阴道镜

扫描二维码，获取听力音频

任务学习

任务一　子宫内膜异位症的问诊

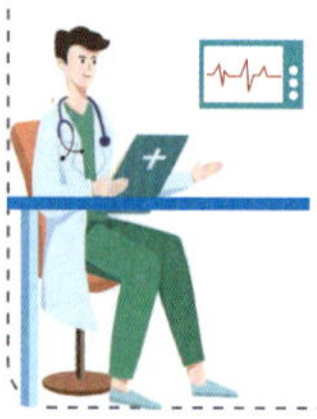

任务描述： 不孕患者复诊发现子宫内膜异位症，生殖科医生向患者说明病情及治疗方案。

准备

语言点　连词：以及

读一读

读句子，选择正确答案

子宫内膜会随着卵泡的发育、排卵、黄体的形成，以及雌激素、孕激素的分泌，周期性地脱落、出血，形成月经。

月经的形成与下列哪项有关？（可多选）

A. 卵泡的发育　　B. 排卵　　C. 黄体的形成　　D. 雌激素和孕激素的分泌

学一学

“以及”可用于连接并列的名词、动词、介词短语和小句，多用于书面语。一般来说，“以及”用在三项以上列举的最后一项前面。“以及”所连接的成分可以有主次轻重的不同或者时间先后的不同。虽然“以及”和“和”都是连词，但“和”不能连接小句。此外，用“和”连接的各项不分主次，而“以及”后边常常是比较次要的事项。

例句

（1）他给孩子买了书、玩具，以及一些吃的。（吃的不太重要）

他给孩子买了书、玩具和一些吃的。（吃的与书、玩具一样重要）

（2）这个囊肿到底是良性的还是恶性的，以及最后要如何治疗，都需要进一步检查才能确定。（确定肿瘤的性质和确定治疗方案有先后之分）

* 这个囊肿到底是良性的还是恶性的，和最后要如何治疗，都需要进一步检查才能确定。

"以及"可以用于连接两种并列的情况，此时也可以用"和"。

例句

（3）脑卒中会造成脑血管受损以及 / 和脑细胞、脑组织坏死。

练一练

用"以及"或者"和"填空

（1）我们要考虑去哪儿、什么时候去__________怎么去。

（2）造成男性不育的主要原因包括精液异常__________性功能障碍。

（3）我们要根据子宫内膜异位症患者的年龄、症状、病变范围__________生育要求等选择治疗方案。

示例

- 科室：生殖科（门诊）
- 患者：陈丽丽（女，36岁）
- 医生：王媛（主任医师）

扫描二维码，获取课文和生词音频

陈丽丽： 王大夫，您好！上回您让我做的检查，报告都出来了。阴道彩超报告上说右附件囊性病变。另外，还有个叫什么CA125的指标也偏高，这是不是说我可能得了卵巢癌啊？

王　媛： 虽然CA125是卵巢癌的检测指标，但子宫内膜异位症等良性病变也会引起CA125升高。您先别着急，把报告给我看看。

生　词

1. 囊性病变　nángxìng bìngbiàn　cystic lesion
2. 卵巢癌　luǎncháo'ái　*n.*　ovarian cancer
3. 子宫内膜异位症　zǐgōng nèimó yìwèizhèng　*n.*　endometriosis

陈丽丽：好的，给您。

王　媛：从您的症状和检查报告看，我们考虑是卵巢巧克力囊肿的可能性比较大。这种囊肿一般都是良性的，您不用太担心。

陈丽丽：这和您说的子宫内膜异位症有什么关系吗？

王　媛：子宫内膜异位症就是宫腔表面的子宫内膜长在了其他部位。正常情况下，我们的子宫内膜会随着卵泡的发育、排卵、黄体的形成，以及雌激素、孕激素的分泌，周期性地脱落、出血，形成月经，排出体外。但如果异位的子宫内膜在卵巢里生长，它也会随着月经周期性出血，形成囊肿。因为囊肿里的积血呈咖啡色，像巧克力一样，所以叫作“巧克力囊肿”。

陈丽丽：哦，是这样啊。那我一直怀不上孩子就是因为得了这个子宫内膜异位症？

王　媛：上次说最好让您丈夫去做个精液

4 卵巢巧克力囊肿 luǎncháo qiǎokèlì nángzhǒng *n.* ovarian chocolate cyst

5 宫腔 gōngqiāng *n.* uterine cavity

6 卵泡 luǎnpào *n.* ovarian follicle

7 排卵 páiluǎn *v.* to ovulate

8 黄体 huángtǐ *n.* corpus luteum

9 雌激素 cíjīsù *n.* estrogen

10 孕激素 yùnjīsù *n.* progestogen

11 脱落 tuōluò *v.* to drop, to fall off

12 积血 jīxuè *n.* hematocele

13 丈夫 zhàngfu *n.* husband

14 精液 jīngyè *n.* semen

检查，做了吗？

陈丽丽：做了，大夫说没什么问题。

王 媛：从您的检查报告来看，输卵管的情况还好，内分泌也没有什么问题。而子宫内膜异位症确实会引起输卵管粘连或排卵异常，影响受孕。

陈丽丽：那我现在应该怎么办呢？

王 媛：虽然说子宫内膜异位症常伴有不孕，但也不是说就一定不能生育。目前，您的囊肿还不太大。我建议在药物治疗的同时，积极备孕。怀孕停经后，囊肿就不会再增大了。这对控制病情也有好处。

陈丽丽：要是一直怀不上的话，怎么办呢？

王 媛：要是试孕半年还是怀不上或者囊肿明显增大，就要进行腹腔镜手术治疗了。

陈丽丽：手术会影响受孕吗？

王 媛：一般来说不会。但是手术后，也还是存在复发的可能。因此，我建议还是先进行药物治疗。

陈丽丽：好的。那我听您的。

15 输卵管 shūluǎnguǎn *n.* oviduct

16 受孕 shòuyùn *v.* to become pregnant

17 不孕 búyùn *v.* not to be pregnant, to be sterile

18 生育 shēngyù *v.* to give birth to

19 停经 tíngjīng *v.* menelipsis

20 试孕 shìyùn *v.* to try to get pregnant

21 复发 fùfā *v.* to have a relapse

Note:

CA125

扫描二维码，获取注释内容

活动

答一答

（1）患者为什么觉得自己得了卵巢癌？

（2）根据患者的症状和检查报告，医生认为患者得了什么病？

（3）医生建议的治疗方案是什么？

说一说

小组讨论：什么是子宫内膜异位症？子宫内膜异位症可能出现下列哪些症状？请在对应症状前的“□”里画“√”。如果你们认为还可能出现其他症状，请写在下面。

□ 痛经

□ 不孕

□ 月经异常

□ 急腹痛

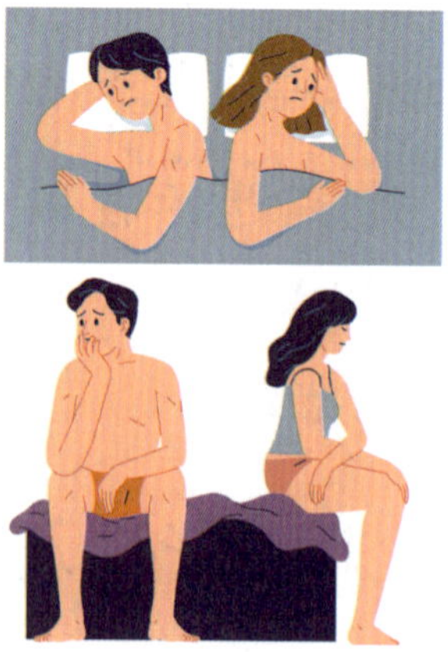

□ 性交痛

□ 白带异常

其他症状：________________________________

读一读

读报告单，选择正确答案

彩色超声检查报告单

姓名：陈丽丽　　性别：女　　年龄：36 岁
申请科室：生殖科　　诊断：子宫内膜异位
检查部位：子宫及子宫附件　　检查时间：×× 年 ×× 月 ×× 日

影像学所见：

经腹＋经阴道超声检查：

后位子宫，形态大小正常，包膜光滑，宫壁回声均，宫腔线清晰、居中，内膜厚约 1.14 cm，未探及明显异常回声及异常血流信号。

双侧正常卵巢显示不清，于左侧附件区探及一无回声区，大小约 2.6 cm × 2.2 cm，壁稍厚，内透声差，CDFI 示壁上见环状血流信号，测及静脉血流信号；右侧附件区探及一约 3.1 cm × 2.2 cm 无回声区，壁稍厚，内透声差，CDFI 示壁上及内部均未见血流信号。

影像学提示：1. 左侧附件区囊性结节（左侧卵巢黄体血肿未排？）
2. 右侧附件区囊性结节（右侧卵巢巧克力囊肿）
3. 子宫未见明显异常声像

报告医生：陈玲玲　　审核医生：王静　　复核医生：张治敏

（1）患者左侧附件发现了什么异常？

A. 肿瘤　　B. 黄体血肿　　C. 巧克力囊肿

（2）患者的卵巢巧克力囊肿有多大？

A. 2.3 cm × 1.14 cm　　B. 3.1 cm × 2.2 cm　　C. 2.6 cm × 2.2 cm

任务二　不孕不育的原因

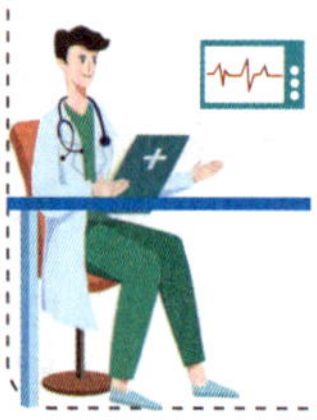

任务描述： 说明受孕的生理过程，并对可能导致不孕不育的因素进行说明。

准备

语言点　连词：则

读一读

读句子，判断意思理解是否正确

男女双方未采取任何避孕措施，规律性生活一年以上而没有成功妊娠，女性称为不孕症，男性则称为不育症。

不孕症和不育症的意思一样。（　　）

学一学

“则”是一个连词，用来表示前后两项之间的对比，常用在转折复句“……，而……（则）……”中，多用于书面语。“则”一般用于后一分句主语后、谓语前。

例句

（1）面对这种情况，有些人显得紧张不安，而另一些人则轻松自如。

（2）骨关节炎是一种常见的关节疾病，而类风湿性关节炎则是一种自身免疫病。

（3）如果是生活习惯、情绪等因素引起的月经失调，就应该改变不良生活方式，调整情绪；如果是疾病因素导致的月经失调，则需要及时就医，接受治疗。

练一练

用“则”将下列各组的两个句子连接起来

（1）A. 谦虚使人进步　　B. 骄傲使人落后

____

（2）A. 胖的人天天想着让自己瘦下去　　B. 瘦的人天天盼着让自己胖起来

____

（3）A. 对于年轻的子宫内膜异位症患者，可先进行试孕，但试孕一般不超过三年
B. 对于年龄超过 30 岁、卵巢功能减退的患者，建议使用辅助生殖技术助孕

____

____

示例

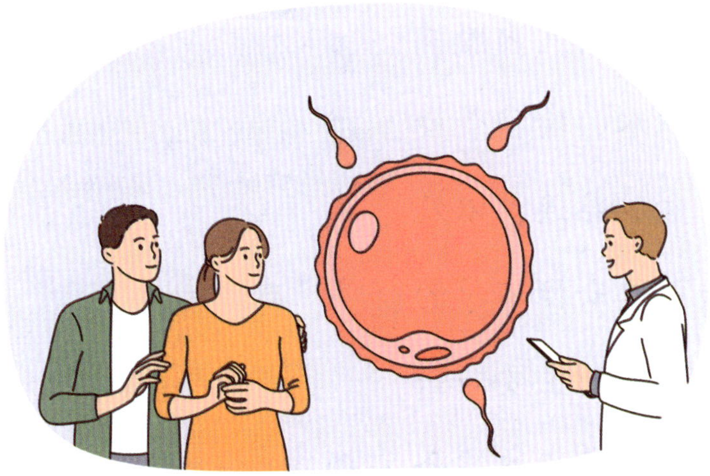

扫描二维码，获取课文和生词音频

受孕是一个复杂的生理过程。首先，女性的卵巢要能排出正常的卵子，男性的精液要含有正常的精子。其次，获能的精子要能够在输卵管内与卵子相遇，

生词

1. 卵子　luǎnzǐ　*n.*　ovum
2. 精子　jīngzǐ　*n.*　sperm
3. 获能　huònéng　*v.*　to capacitate
4. 相遇　xiāngyù　*v.*　to meet

并结合成为受精卵。然后，受精卵要能顺利地被送入宫腔，子宫的内环境必须适合受精卵着床和发育。最后，受精卵要能顺利完成着床，并发育为胚胎、胎儿。这其中任何一个环节出现问题，都会阻碍受孕。男女双方未采取任何避孕措施，规律性生活一年以上而没有成功妊娠，女性称为不孕症，男性则称为不育症。

盆腔因素和排卵障碍是造成女性不孕的主要原因。宫颈病变、子宫内膜病变、宫腔粘连、输卵管积水、输卵管梗阻、输卵管周围粘连、盆腔粘连，以及子宫内膜异位症等都是引起女性不孕的盆腔因素。而女性排卵障碍则主要与一些内分泌疾病有关，比如多囊卵巢综合征会出现雄激素分泌过多、卵巢功能紊乱或丧失，是导致女性不孕的一种常见内分泌疾病。

5 受精卵 shòujīngluǎn *n.* fertilized egg, zygote
6 内环境 nèihuánjìng *n.* internal environment
7 着床 zhuóchuáng *v.* to implant
8 环节 huánjié *n.* link
9 阻碍 zǔ'ài *v.* to block
10 避孕 bìyùn *v.* to prevent pregnancy
11 盆腔 pénqiāng *n.* pelvic cavity
12 宫颈 gōngjǐng *n.* cervix
13 输卵管积水 shūluǎnguǎn jīshuǐ *n.* hydrosalpinx
14 多囊卵巢综合征 duōnáng luǎncháo zōnghézhēng *n.* polycystic ovary syndrome (PCOS)
15 雄激素 xióngjīsù *n.* androgen

男性不育的原因主要包括精液异常和性功能障碍。先天性发育畸形、睾丸或输精管损伤、泌尿系统感染等都可能影响精液质量，造成男性弱精、少精，甚至无精；而生理性或心理性因素引起的阴茎勃起障碍、不射精等性功能障碍，会使精子不能正常射入阴道内，造成男性不育。

此外，还可能存在不明原因不孕不育。不孕不育症的治疗需要男女双方共同参与，要根据造成不孕不育的原因采取合适的治疗方案。如一般治疗不起作用，则可采用人工授精、试管婴儿等辅助生殖技术进行治疗。

16 睾丸 gāowán *n.* testis
17 输精管 shūjīngguǎn *n.* ductus deferens
18 泌尿系统 mìniào xìtǒng *n.* urinary system
19 弱精 ruòjīng *n.* asthenozoospermia
20 阴茎 yīnjīng *n.* penis
21 勃起 bóqǐ *v.* to have an erection
22 射精 shèjīng *v.* to ejaculate
23 参与 cānyù *v.* to participate in
24 人工授精 réngōng shòujīng artificial insemination
25 试管婴儿 shìguǎn yīng'ér *n.* test-tube baby
26 辅助 fǔzhù *v.* to assist
27 生殖 shēngzhí *n.* reproduction

Note:

1. 精子获能 2. 多囊卵巢综合征
3. 弱精

扫描二维码，获取注释内容

活动

答一答

（1）什么是不孕不育症？

（2）造成女性不孕和男性不育的主要原因分别有哪些？

（3）有哪些辅助生殖技术可以用于治疗不孕不育症？

说一说

（1）月经是怎么形成的？受孕的生理过程是怎样的？

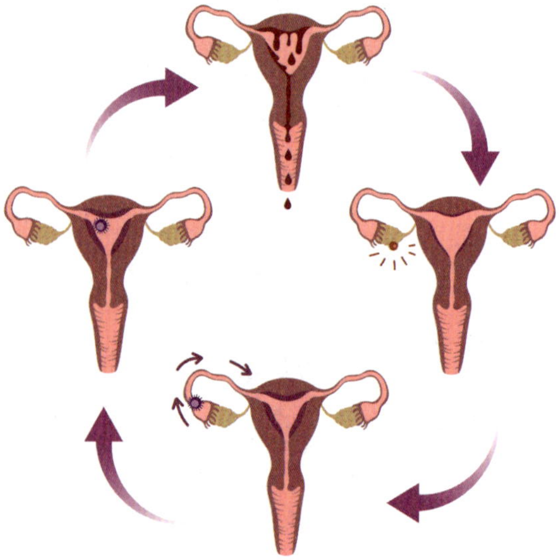

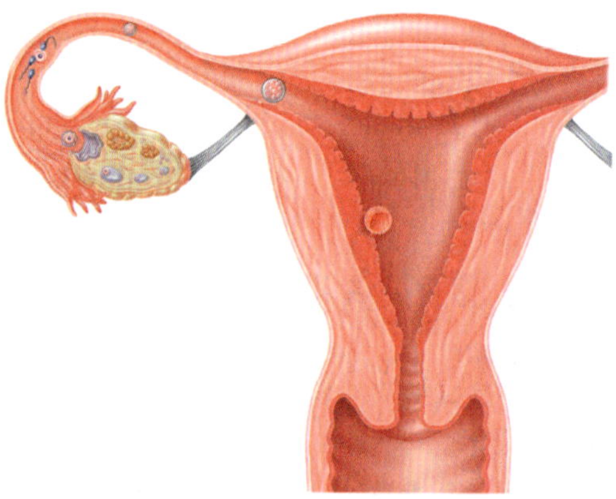

（2）**小组讨论：**请比较 A、B 两种表述方式有什么不一样。如果你需要向患者解释病情，你会选择哪种表述方式？

① A：男女双方未采取任何避孕措施，规律性生活一年以上而没有成功妊娠，女性称为不孕症，男性则称为不育症。

B：如果夫妻双方没有避孕，同时有规律的性生活超过一年都没有怀孕，就可以认为是不孕不育症。一般女性叫作不孕症，男性叫作不育症。

② A：不孕不育症的治疗需要男女双方共同参与，要根据造成不孕不育的原因采取合适的治疗方案。

B：治疗不孕不育是两个人的事，具体怎么治疗还要看不孕不育是什么原因造成的。

（3）**成段表达：** 请根据“任务二”的示例内容，向患者说明女性不孕的可能原因。

……和……是造成女性不孕的主要原因。……病变、……病变、宫腔……、输卵管……、……、……、盆腔……，以及……都是引起……的盆腔因素，而女性排卵障碍则主要与……有关，比如……会出现雄激素……、卵巢功能……，是导致女性不孕的一种……。

演一演

小组活动： 两人一组，根据场景提示，使用下列词语模拟患者与医生的对话。

场景提示： 患者因为长时间备孕不成功到生殖科就诊，医生问诊并建议患者做相关检查。根据检查结果，医生为患者分析不孕的可能原因。

卵巢、输卵管、卵泡、黄体、雌激素、孕激素、粘连、子宫内膜异位症、排卵、卵子、精子、受精卵、着床

任务操练

实践

科学备孕不仅可以有效提高怀孕的概率，还能更好地保证胎儿健康。请你查一查相关资料，然后做一个关于如何科学备孕的宣传小册子。

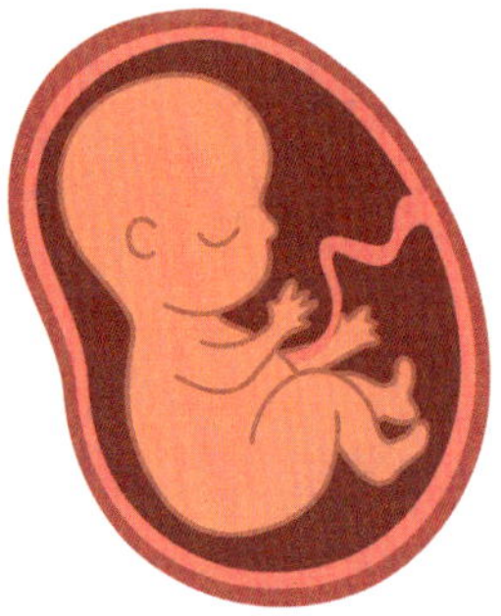

练习

（一）词语搭配

1. 阴茎
2. 输卵管
3. 子宫内膜
4. 精子
5. 受精卵

A. 脱落
B. 着床
C. 梗阻
D. 勃起
E. 获能

（二）选择正确的词语填空

1.（1）________在女性生殖道内约可存活 24 ~ 72 小时，（2）________一个卵子适宜受精的时间为排卵后的 24 ~ 36 小时内。（3）________，只有排卵前的 2 ~ 3 天及排卵后的 1 ~ 2 天为易受孕期，即排卵日前后共 4 ~ 5 天为易受孕期。

（1）A. 精液　　B. 精子　　C. 射精　　D. 弱精

（2）A. 则　　B. 未　　C. 而　　D. 却

（3）A. 因此　　B. 因为　　C. 之所以　　D. 是因为

2. 先天性发育（1）________、睾丸或输精管损伤、泌尿系统感染等都可能影响精液（2）________，造成男性弱精、少精，（3）________无精。

（1）A. 困难　　B. 改变　　C. 畸形　　D. 矫正

（2）A. 性质　　B. 面积　　C. 质量　　D. 生产

（3）A. 否则　　B. 甚至　　C. 至少　　D. 要么

3. 受孕与心情有很大的关系。精神（1）________较大、心情抑郁（yìyù，depressed）等都可能影响女性排卵，从而影响（2）________成功的概率。备孕时，

（3）________作息、保持愉快轻松的心情，将有助于成功受孕。

（1）A. 压力　　B. 动力　　C. 力量　　D. 能力

（2）A. 怀孕　　B. 受孕　　C. 怀上　　D. 备孕

（3）A. 随时　　B. 准时　　C. 及时　　D. 按时

（三）用指定词语或结构完成对话

1. 患者：大夫，我为什么一直怀不上孩子啊？

医生：____。

（……是造成……的主要原因）

3. 实 习 生：老师，子宫内膜异位症患者会出现哪些症状？

带教医生：____________________________________。（以及）

3. 实 习 生：老师，出血性脑卒中和缺血性脑卒中有什么不一样？

带教医生：____________________________________。（则）

（四）阅读语段，选择与语段意思一致的一项

1. 子宫内膜异位症简称内异症，是指子宫内膜组织生长在子宫腔和子宫肌层以外的部位，主要表现为逐渐加重的继发性痛经。异位的内膜可能侵犯全身任何部位。虽然内异症是良性的，但有增生、浸润（jìnrùn，to infiltrate）、转移、复发等类似恶性肿瘤的特点。

A. 子宫内膜异位症患者一般有原发性痛经

B. 子宫内膜异位症具有增生、浸润、转移、复发等特点

C. 子宫内膜异位症是一种恶性肿瘤

2. 多囊卵巢综合征是一种内分泌代谢疾病。患者具有雄激素过高、持续无排卵、卵巢多囊改变等特征。主要表现为多毛、痤疮（cuóchuāng，acne）、月经失调、不孕等，常伴有过度肥胖。多囊卵巢综合征不仅会导致不孕，还可能引起子宫内膜癌、糖尿病、心血管疾病等。

A. 多囊卵巢综合征患者的雄激素分泌正常

B. 多囊卵巢综合征会出现多毛、痤疮、月经异常、不孕等临床表现

C. 子宫内膜癌会导致多囊卵巢综合征

（五）写作练习

请根据“任务一”的示例内容，写一份病历摘要。

姓名：陈丽丽　　性别：女　　年龄：36 岁　　就诊科室：生殖科

主诉：

现病史：

既往史：

婚育史（hūnyùshǐ，marital and childbearing history）：

体格检查：

辅助检查结果：

初步诊断：

治疗意见：

医生签名：

年　月　日

拓展学习

一、词汇

盆部（pénbù，pelvis）相关词语

女性

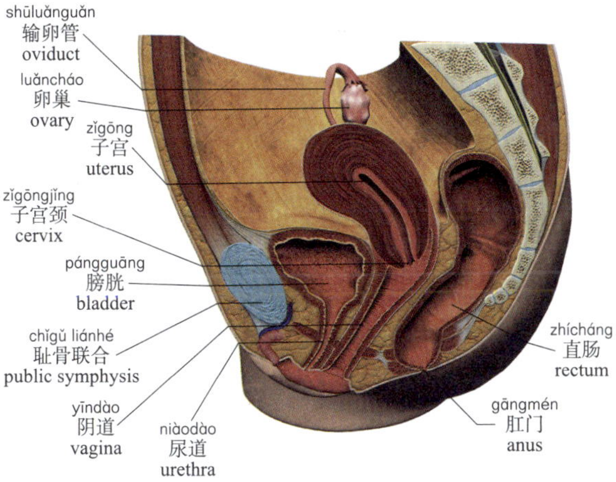

男性

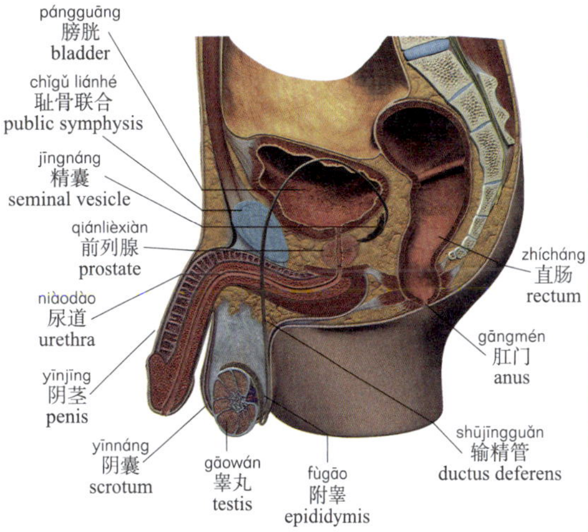

二、阅读

试管婴儿技术知多少

1978年，全球首个试管婴儿在英国诞生。迄今为止，全球已经诞生了约800万名试管婴儿。“试管婴儿”并不是在试管中长大的婴儿，而是指通过“体外受精和胚胎移植”（IVF-ET）辅助生殖技术诞生的婴儿。

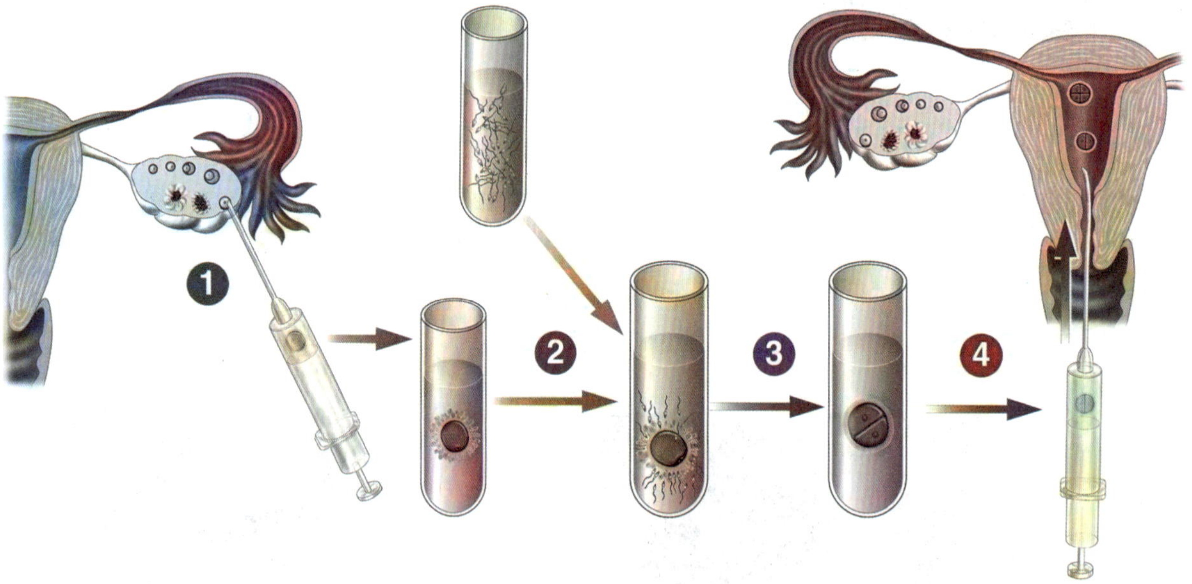

“体外受精”是指把卵子和精子从体内取出，在体外人工控制的环境中受精；而“胚胎移植”则是指受精卵在体外经过早期胚胎发育后移植回母体子宫进行妊娠。实施过程主要包括促排卵、取卵、体外受精、胚胎移植、黄体支持、妊娠确定等环节。首先，因为并不是每个卵子都能受精，且并不是每个受精卵都能发育成有活力的胚胎，所以需要通过促排卵从女性体内获得多个卵子。在促排卵治疗后，需在B超引导下，经阴道穿刺成熟的卵泡，吸出卵子。同时，男性进行取精。之后，将经过洗涤处理后的精子与卵子一起放在培养基中，形成受精卵。实验室培养3～5天后，可将发育良好的胚胎移植回母体子宫。在胚胎移植后，还需要通过注射孕酮、人绒毛膜促性腺激素（HCG）等对母体进行黄体补充或支持，以确保胚胎在母体中正常发育。最后，分别在胚胎移植后的14天和21天测定血清HCG，确定是否妊娠，了解胚胎发育的情况；在胚胎移植后30天，需超声检查确定是否宫内妊娠，有无胎心搏动。

应用试管婴儿技术辅助生殖的成功率与女性年龄、不孕的病因、实验室条件等都有关系。随着女性年龄的增长，卵子的数量会减少，质量也会下降，从而导致受精率或妊娠率降低，流产率升高。此外，输卵管积水、子宫内膜息肉、子宫内膜炎、既往手术或炎症导致子宫内膜损伤等因素，也会明显降低胚胎着床率和妊娠率。

（一）重要医学词语

1. 诞生	dànshēng	*v.*	to be born
2. 取精	qǔjīng	*v.*	to extract semen
3. 洗涤	xǐdí	*v.*	to wash
4. 培养基	péiyǎngjī	*n.*	culture medium
5. 孕酮	yùntóng	*n.*	progesterone
6. 人绒毛膜促性腺激素	rén róngmáomó cùxìngxiàn jīsù	*n.*	human chorionic gonadotropin
7. 胎心	tāixīn	*n.*	fetal heart

（二）阅读材料，选择正确答案

1. “试管婴儿”是指什么？

A. 婴儿模型

B. 在试管中生长的婴儿

C. 在非母体子宫内妊娠的婴儿

D. 利用 IVF-ET 辅助生殖技术诞生的婴儿

2. 取卵时要在什么设备的引导下进行？

A. B 超　　B. CT　　C. 核磁共振　　D. X 线

3. 应用试管婴儿技术辅助生殖的成功率与下列哪个因素无关?

A. 女性年龄 B. 不孕病因 C. 取卵方式 D. 实验室条件

4. 关于试管婴儿，下列哪项错误?

A. 要通过促排卵治疗获取多个卵子以进行体外受精

B. 精子要经过洗涤处理后才能在实验室环境中与卵子结合为受精卵

C. 胚胎移植后，需给母体注射孕酮、人绒毛膜促性腺激素

D. 胚胎移植后 21 天就可以通过超声检查确定是否有胎心搏动

自我评估

一、生词知多少

你认识下列词语吗？如果认识，请在词语前的“□”里画“√”；如果不认识，请再复习复习。

□ 参与	□ 相遇	□ 阻碍	□ 辅助
□ 脱落	□ 环节	□ 复发	□ 积血
□ 输卵管积水	□ 获能	□ 勃起	□ 射精
□ 人工授精	□ 生殖	□ 生育	□ 试管婴儿
□ 受孕	□ 不孕	□ 避孕	□ 试孕
□ 停经	□ 着床	□ 内环境	□ 排卵
□ 卵子	□ 卵泡	□ 精液	□ 精子
□ 受精卵	□ 输卵管	□ 输精管	□ 宫颈
□ 宫腔	□ 盆腔	□ 睾丸	□ 阴茎
□ 黄体	□ 雌激素	□ 雄激素	□ 孕激素
□ 泌尿系统	□ 弱精	□ 多囊卵巢综合征	□ 卵巢癌
□ 子宫内膜异位症	□ 囊性病变	□ 卵巢巧克力囊肿	□ 丈夫

掌握了 25 个以上：非常好，为你点赞！

掌握了 20 ～ 25 个：不错，继续努力！

掌握了 19 个及以下：好好复习，下次加油！

二、你知道怎么说吗？

你知道下列几种情况应该怎么说吗？如果知道，请在句子前的“□”里画“√”。

□ 解释月经的形成机制。

□ 说明、描述受孕的全过程。

□ 介绍造成不孕不育的主要原因和治疗手段。

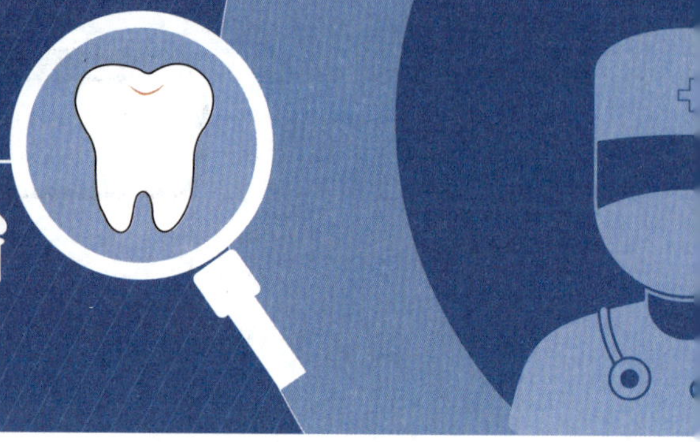

第十课
您是从什么时候开始出现牙龈出血的？

主题热身

一、给下列词语选择对应的图片

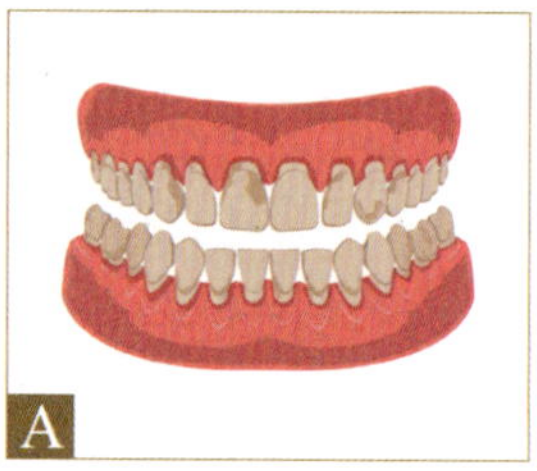

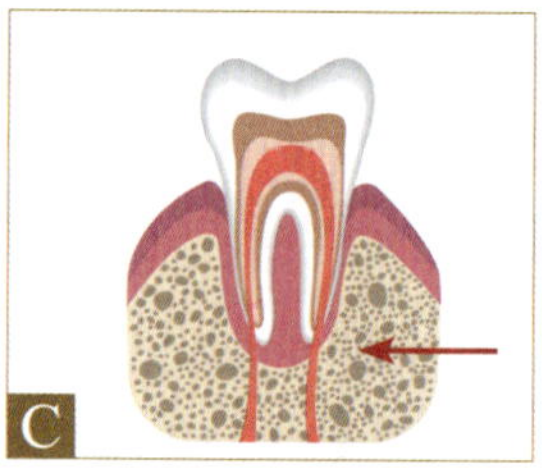

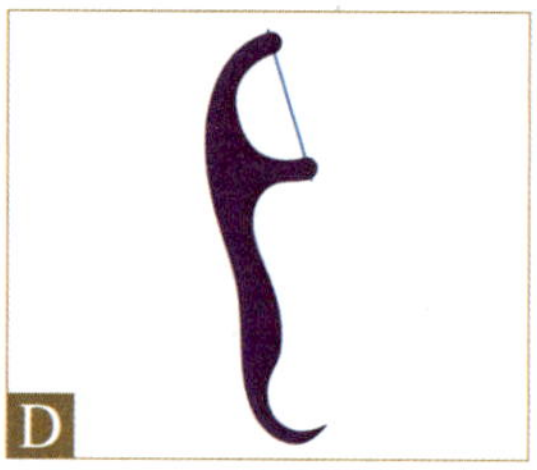

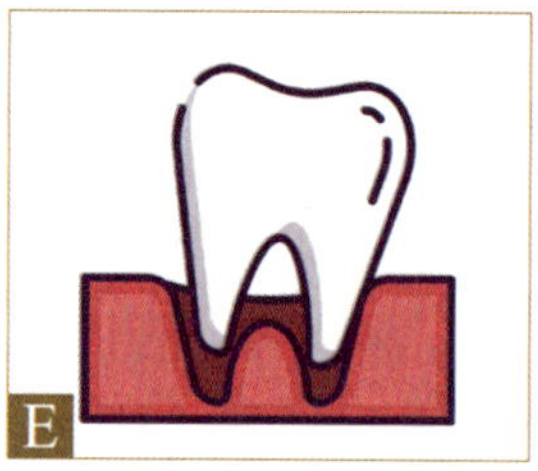

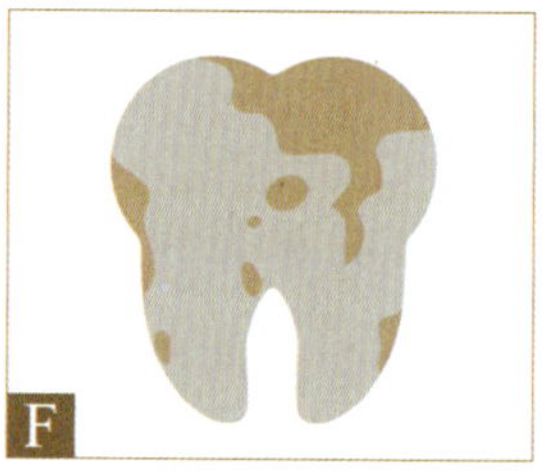

1. 牙齿松动________　　2. 牙线________　　3. 牙菌斑________

4. 牙龈退缩________　　5. 牙槽骨________　　6. 漱口________

二、听对话，选择正确答案

1. 吃苹果的时候，老何怎么了？

   A. 牙很疼　　B. 牙龈出血了　　C. 咽不下去

2. 根据对话，为什么会出现牙结石？

   A. 用软毛牙刷　　B. 刷牙刷得不干净　　C. 用冷水漱口

3. 关于老何，可以知道什么？

   A. 每天刷两次牙　　B. 每年洗一次牙　　C. 掉过一次牙

扫描二维码，获取听力音频

任务学习

任务一　牙周炎的问诊

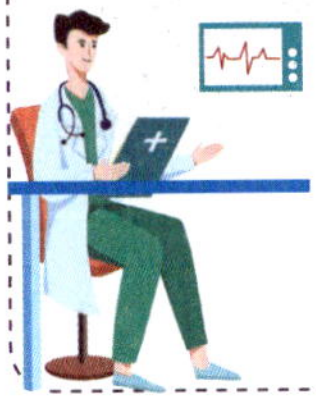

任务描述： 患者因牙龈出血到口腔科就诊，被初步诊断为牙周炎。口腔科医生向患者说明病情，并给出治疗建议。

准备

语言点　口语格式：（没）有什么（好）……的

读一读

读句子，判断意思理解是否正确

这倒没有什么好担心的，洗牙只是去除牙齿表面的牙垢、牙结石等。

不用担心，洗牙只是去除牙齿表面的牙垢、牙结石等。（　　）

学一学

“（没）有什么（好）……的”是一种口语格式，用于表示说话人不在乎或不以为然的态度，是一种强调语气。其中，“的”前面可以是动词、形容词等。

例句

（1）医生说要手术就现在手术，没有什么好等的。

（2）只是这一次没考好，有什么好难过的？

（3）我已经决定了，没有什么商量的。

练一练

用“（没）有什么（好）……的”完成句子

（1）房间里就这么点儿东西，____________________，我都收拾好了。

（2）我已经决定做化疗了，________________________________。

（3）医生说了，你不戒烟不行，________________________________。

示例

- 科室：口腔科（门诊）
- 患者：何卫国（男，50岁）
- 医生：陆莹（主治医师）

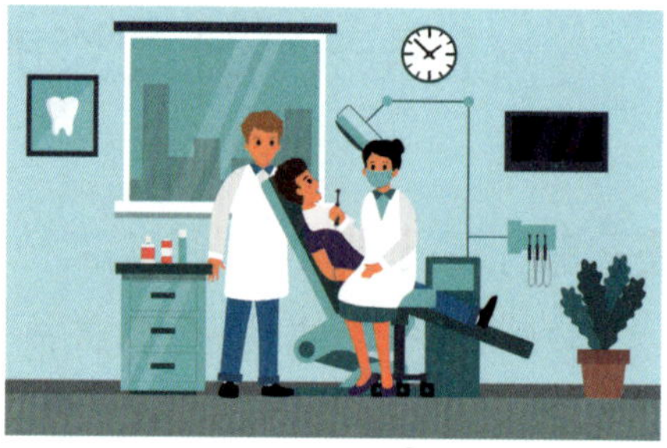

扫描二维码，获取课文和生词音频

陆　莹：您好，请问您哪儿不舒服？

何卫国：医生，您好！我的牙龈总是出血。

陆　莹：您是从什么时候开始出现牙龈出血的？

何卫国：大概有一年多了。不过，因为出血不太严重，我也没怎么在意。但是最近出血比较频繁，我想还是来看看怎么回事。

陆　莹：您一般在什么情况下会出现牙龈出血呢？

何卫国：每次刷牙的时候或者吃一些比较硬的东西的时候都会出血，比如咬苹果、啃骨头之类的。

陆　莹：咬东西的时候，除了牙龈出血以外，牙疼吗？

何卫国：疼倒是不疼。

生词

1. 牙龈 yáyín *n.* gum
2. 频繁 pínfán *adj.* frequent
3. 咬 yǎo *v.* to bite
4. 啃 kěn *v.* to gnaw
5. 骨头 gǔtou *n.* bone
6. 之类 zhīlèi *n.* and the like, and so on
7. 倒是 dàoshì *adv.* *used to indicate the opposite of what is usually true*

陆　莹：来，您先躺下，我给您检查一下儿。

何卫国：好的。

陆　莹：您放松，请张开嘴。

（检查口腔情况）

陆　莹：您的牙龈呈暗红色，还有些肿胀、充血，牙垢和牙结石也很多，所以您刷牙或者咬硬物的时候，牙龈总是出血。另外，您这颗下牙有点儿松动了。

何卫国：啊？是蛀了吗？平时我并没有感觉有什么异样啊。

陆　莹：蛀倒是没蛀，可能是牙周炎导致了牙齿松动。

何卫国：牙周炎？我每天早晚都刷牙，怎么会有牙周炎呢？

陆　莹：您的牙刷是刷了，可是没彻底刷干净。口腔里的细菌侵犯了牙周组织，就引起了炎症。牙周炎一定要及时治疗，要不然松动的牙齿就可能会脱落。我建议您先拍个 X 光片明确一下儿诊断。

何卫国：那牙周炎要怎么治疗呢？

8 暗红色　ànhóngsè　dark red

9 牙垢　yágòu　*n.*　tartar

10 硬物　yìngwù　*n.*　hard object

11 松动　sōngdòng　*v.*　to be loose

12 异样　yìyàng　*adj.*　unusual

13 牙周组织　yázhōu zǔzhī　*n.*　periodontium

陆　莹：建议您先做个龈上洁治术，也就是洗牙。

何卫国：一定要洗吗？我担心洗牙会损伤牙齿。

陆　莹：这倒没有什么好担心的，洗牙只是去除牙齿表面的牙垢、牙结石等。

何卫国：那洗牙疼不疼啊？要不要打麻药？

陆　莹：可能会有酸痛感，但一般都是可以忍受的，不需要麻醉。您最近做过血常规检查吗？

何卫国：没有。洗牙还要抽血化验啊？

陆　莹：洗牙前进行血常规和凝血功能检查可以降低洗牙风险。如果存在严重感染、贫血、凝血功能不全等情况，我们是不建议进行洗牙的。

何卫国：那麻烦您帮我把验血和X光片的单子一块儿开了吧。

陆　莹：好的。您先去检查，等检查结果出来了，再来找我。

何卫国：好的，谢谢您！

14 龈上洁治术 yínshàng jiézhìshù *n.* supragingival scaling

15 去除 qùchú *v.* to remove

16 麻药 máyào *n.* anesthetic

17 忍受 rěnshòu *v.* to bear, to endure

18 麻醉 mázuì *v.* to anesthetize

19 抽血 chōu xiě to draw blood

20 化验 huàyàn *v.* to have a chemical test

21 凝血功能检查 níngxuè gōngnéng jiǎnchá *n.* blood coagulation function test

Note:

龈上洁治术

扫描二维码，获取注释内容

活动

答一答

（1）患者的牙龈为什么会出血？

（2）造成患者牙齿松动的原因可能是什么？

（3）洗牙前为什么要验血？

说一说

小组讨论：你们认为下列哪些行为可能导致牙龈出血？请在对应行为前的“□”里画“√”。如果你们认为还有其他行为，请写在下面。

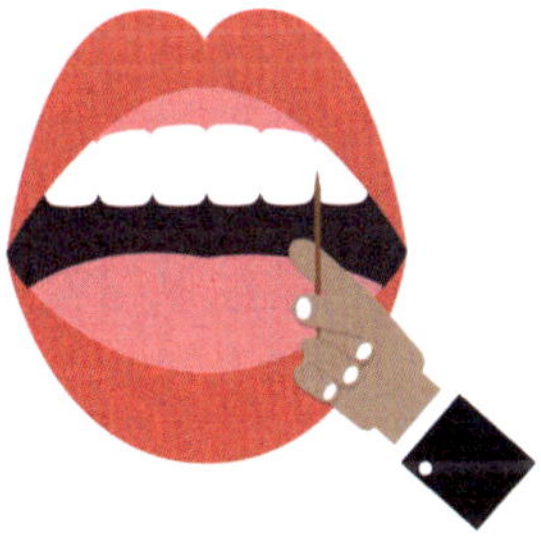

□ 用牙签剔牙

□ 用力刷牙

□ 咬过硬的东西

□ 吃冰淇淋

□ 吃火锅

□ 睡前不刷牙

其他行为：____

读一读

读门诊病历，选择正确答案

门诊病历

姓名：何卫国　　性别：男　　年龄：50 岁　　科室：口腔科

主　　诉：牙龈出血一年余。

既 往 史：否认高血压病、糖尿病、心脏病等系统性疾病，否认肝炎、结核病、梅毒等传染性疾病，否认药物过敏史。

现 病 史：近一年来，刷牙或啃咬硬物时，牙龈出血，漱口可止血，无自发性出血，今来我科就诊。

检　　查：全口口腔卫生欠佳，牙石（+），软垢（+），少量色素。牙龈中度红肿、退缩，牙龈质地松软，探诊出血。BI＝1 ～ 3，37 牙松动 1°。

辅助检查：血常规。平均红细胞血红蛋白含量 26.9 pg，中性粒细胞 37.50%，血小板比容 0.32%，淋巴细胞绝对数 4.42 × 10^9/L，淋巴细胞 51.90%，血小板计数 368 × 10^9/L。凝血四项未见异常。

全 景 片：全口牙槽骨水平吸收根长 1/2，36 近中牙槽骨角形吸收，18、28、38、48 阻生。

诊　　断：慢性牙周炎。

治　　疗：1. 全口牙龈上洁治，3% 双氧水冲洗，局部止血，上药。
2. 建议患者 1 周后复诊行龈下洁治术。

医　　嘱：避免进食过冷、过热食物，改进刷牙方式，加强口腔卫生维护，使用牙缝刷、牙线。

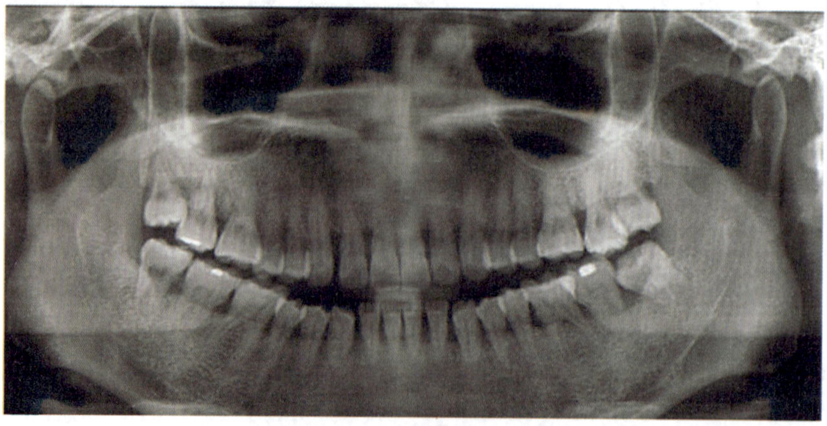

（1）患者的口腔情况怎么样？

A. 牙齿脱落　　B. 卫生欠佳　　C. 牙龈轻度红肿

（2）根据患者的门诊病历，下列哪项正确？

A. 患者的血型为 B 型　B. 患者的凝血功能异常　C. 患者牙齿出现松动

（3）患者一周后还要做什么治疗？

A. 龈上洁治术　　B. 龈下洁治术　　C. 牙龈止血

任务二　口腔清洁宣教

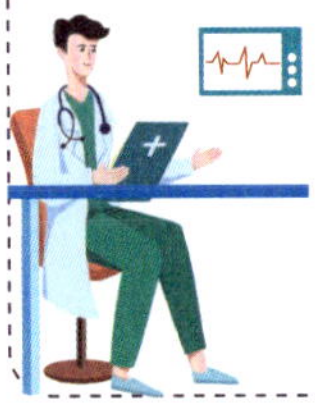

任务描述：龈上洁治术前，口腔医生向患者说明操作过程及术后注意事项，并进行口腔清洁宣教。

准备

语言点　程度副词：过于

读一读

读句子，选择与句中加点词语意思一致的一项

牙周炎一定要及时治疗，要不然牙周组织病变过于严重，松动的牙齿可能会脱落。

A. 太　　B. 不太　　C. 有点儿

学一学

“过于”作为程度副词，类似于“太”的意思，常用于表示程度或数量超过了一定限度。“过于”后面的形容词、动词一般为双音节词语。如果后面的形容词为单音节词语，前面一般用“过”，而不用“过于”。“过”作为程度副词，不可以用在动词前。“过＋形容词”常用于较正式的语言表达中。

例句

（1）您不要过于悲观，这个病还是有治愈的希望的。

（2）有些尿路感染的患者过于依赖抗生素，这样容易导致体内的细菌产生耐药性。

（3）洗牙之后，最好不要吃过冷或过热的食物。

练一练

用“过于”或者“过”填空

（1）你不要________着急，你父亲的病一定能治好。

（2）进食________快，容易增加胃的负担，不利于食物的消化和吸收。

（3）遇到问题一定要认真调查研究，不能________相信自己的感觉和判断。

示例

- 科室：口腔科（门诊）
- 患者：何卫国（男，50 岁）
- 医生：陆莹（主治医师）

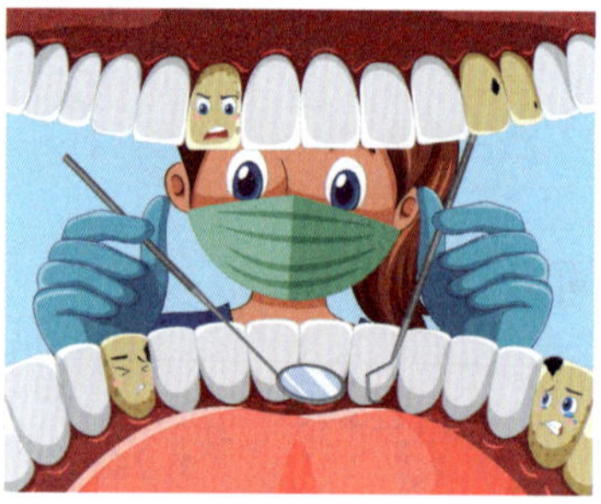

扫描二维码，获取课文和生词音频

陆莹对何卫国说：

何先生，今天是您第一次洗牙，等会儿洗牙的时候，牙齿可能会有些酸痛感，您不要紧张。我们的牙冠表面有一层牙釉质，它的硬度非常高，洗牙对它的影响是完全可以忽略的。不过，因为您的慢性牙周炎时间比较长，造成了一定程度的牙槽骨吸收和牙龈退缩，导致

生词

1. 牙釉质 yáyòuzhì *n.* tooth enamel
2. 硬度 yìngdù *n.* hardness
3. 忽略 hūlüè *v.* to ignore
4. 牙槽骨 yácáogǔ *n.* alveolar bone
5. 吸收 xīshōu *v.* to absorb
6. 退缩 tuìsuō *v.* to recede

牙缝变大。现在，堆积的牙结石填塞了牙缝。洗牙去除牙结石后，牙缝可能会变大。同时，洗牙可以去除牙齿上的牙菌斑、牙结石等污垢，使牙齿露出它原本的颜色，但并不能使牙齿变白。

刚洗完牙，牙齿会对冷热比较敏感。在短时间内，您不要吃过冷、过热或者辛辣刺激的食物，也不要过于用力地咀嚼食物，以免引起牙齿不适。平时要保持良好的口腔清洁习惯。每天一定要坚持认真刷牙，建议早晚刷牙，每次刷牙时间应在 3 分钟以上。这里有一份正确刷牙方法的宣传材料，您可以带回家和家人一起学习。除了刷牙以外，每餐饭后要及时漱口，使用牙线清理牙间隙的食物残渣。因为您目前的牙结石较多较厚，一周后您还要再来洗一次。之后建议您每半年到一年洗一次牙，坚持定期复查。

7 牙缝 yáfèng *n.* slit between two teeth
8 堆积 duījī *v.* to pile up
9 填塞 tiánsè *v.* to fill up
10 牙菌斑 yájūnbān *n.* dental plaque
11 污垢 wūgòu *n.* dirt
12 露 lù *v.* to reveal
13 原本 yuánběn *adv.* originally
14 漱口 shùkǒu *v.* to gargle
15 牙线 yáxiàn *n.* dental floss
16 清理 qīnglǐ *v.* to clean
17 残渣 cánzhā *n.* residue

Note:
牙槽骨吸收

扫描二维码，获取注释内容

活动

答一答

（1）洗牙后，患者的牙缝为什么可能会变大?

（2）洗牙后，患者在饮食方面需要注意什么?

（3）平时应该养成哪些良好的口腔清洁习惯?

说一说

（1）什么是牙周炎？牙周炎持续发展会造成什么后果?

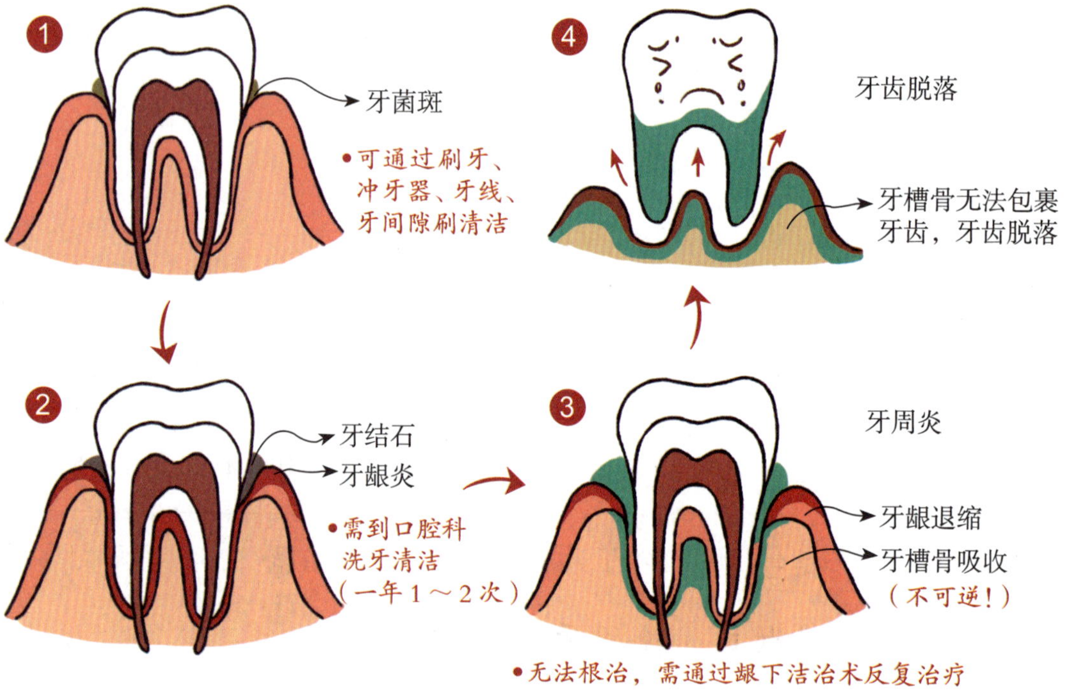

（2）**小组讨论：** 请比较A、B两种表述方式有什么不一样。如果你要就口腔情况向患者进行说明，你会选择哪种表述方式?

① A：洗牙只能去除牙齿上的牙菌斑、牙结石等污垢，并不能让牙齿变白。短时间内，您不要吃太冷、太热或者特别辣、有刺激性的东西。

B：洗牙仅能去除牙齿表面的牙菌斑、牙结石，并不能使牙齿变白。短时间内，应忌食过冷、过热或辛辣刺激的食物。

② A：您是不是没有认真刷牙啊？牙龈有些红肿，还有很多牙结石。这颗下牙也有点儿松了。您最好去拍个牙片。

B：口腔卫生欠佳，牙龈红肿，牙结石多，且37牙松动。建议拍全景片进一步检查。

（3）**成段表达：**请根据“任务二”的示例内容，向患者解释龈上洁治术后可能出现的情况。

您好！今天是您第一次……，牙齿可能会……，您不用紧张。我们的牙冠表面……，它的……，洗牙对它的影响可以忽略。您的……时间比较长，造成了……。您的牙齿上有很多结石，堆积的牙结石……。而洗牙去除牙结石后，牙缝……。

演一演

小组活动：两人一组，根据场景提示，使用下列词语模拟患者与医生的对话。

场景提示：患者因牙龈出血到口腔科就诊，医生向患者询问病情，并进行口腔卫生宣教和口腔保健方法指导。

牙龈、咬、充血、牙垢、牙结石、松动、牙周组织、脱落、退缩、漱口、残渣

任务操练

实践

口腔健康状况不佳不但会对牙齿造成不良影响，还可能引起许多其他疾病。请你查一查相关资料，然后做一个关于如何保持口腔健康的宣传小册子。

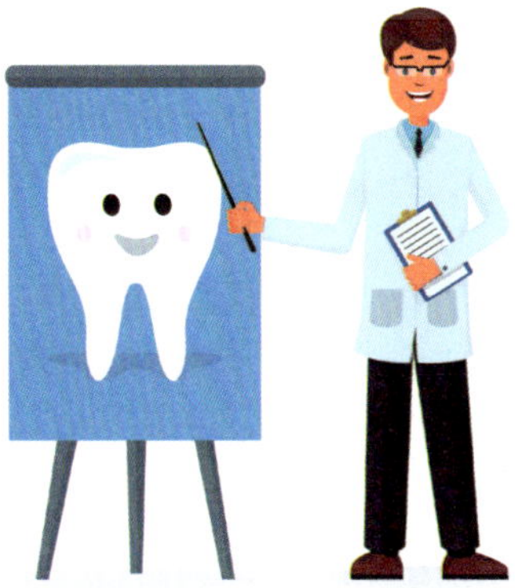

练习

（一）词语搭配

1. 牙齿
2. 去除
3. 填塞
4. 牙龈
5. 侵犯

A. 牙菌斑
B. 退缩
C. 松动
D. 牙周组织
E. 牙缝

（二）选择正确的词语填空

1.（1）________发现牙周炎症状并进行治疗，能有效降低牙周炎对口腔健康的危害。牙龈出血是最常见、最容易被注意到的牙周炎症状。因此，（2）________出现不明原因的牙龈出血，就要引起重视，及时就医。如果出现牙齿松动的情况，那说明牙周炎（3）________时间已经比较久了。

（1）A. 当时　　B. 及时　　C. 准时　　D. 按时
（2）A. 即使　　B. 哪怕　　C. 尽管　　D. 一旦
（3）A. 发出　　B. 发生　　C. 发病　　D. 发现

2. 随着牙周炎病程的发展，患者牙龈（1）________、牙槽骨吸收等症状会越来越严重，牙齿也会开始慢慢（2）________，最终甚至可能（3）________。

（1）A. 退缩　　B. 缩小　　C. 收缩　　D. 缩短
（2）A. 行动　　B. 移动　　C. 松动　　D. 运动
（3）A. 失去　　B. 消失　　C. 脱位　　D. 脱落

3. 我们应该如何有效地（1）________牙周炎呢？首先要学会正确的刷牙方法，（2）________良好的刷牙习惯。其次，有条件的话，最好能使用牙线、冲牙器等洁牙工具（3）________牙齿缝隙。

（1）A. 预防	B. 当心	C. 防止	D. 注意
（2）A. 造成	B. 形成	C. 变成	D. 养成
（3）A. 清除	B. 清洁	C. 清扫	D. 清楚

（三）用指定词语或结构完成对话

1. 医生：您牙结石有点儿多，您洗过牙吗？

   患者：________________________，但是是两年前洗的，最近都没洗过。（倒是）

2. 王荣光：小陈，我常听你说去洗牙，洗牙到底疼不疼啊？洗牙对牙齿有没有损伤啊？

   陈志诚：第一次洗牙可能会有些酸痛感，但一般都可以忍受。至于对牙齿的损伤，________________________________，洗牙不但对牙齿没有影响，还有利于保持口腔健康。（没有什么好……的）

3. 妻子：今天洗完牙感觉怎么样啊？有没有不舒服？

   丈夫：没有，洗完牙现在感觉口腔轻松了很多，就是牙缝变大了。

   妻子：医生有没有说最近要注意什么？

   丈夫：医生说最近我的牙齿比较敏感，不能吃________________________，咀嚼的时候也不能________________________。（过/过于）

（四）阅读语段，选择与语段意思一致的一项

1. 人们一直认为，随着年龄的增长，尤其是上了年纪以后，牙齿开始松动、脱落，这是不可避免的自然规律。但其实牙周炎才是牙齿松动、脱落的首要原因。长期以来，牙周炎并没有引起人们足够的重视。由于缺乏足够的口腔健康意识，早期慢性牙周炎未得到有效控制，感染和炎症不断发展，最终牙周支持组织被破坏，造成牙齿松动、脱落。

A. 导致牙齿松动、脱落的主要原因是年龄增长

B. 牙周炎没有得到有效治疗，会导致牙齿松动、脱落

C. 早期慢性牙周炎不需要治疗

2. 保持口腔健康有利于增强机体的抵抗力，减少病从口入的机会。因此，我们要养成良好的口腔卫生习惯，做到早晚刷牙、经常漱口。刷牙要选择合适的牙刷和牙膏，并且使用正确的刷牙方法，这样才能做到有效刷牙。漱口是常用的口腔清洁方法，可以辅助预防和控制口腔疾病。有条件的话，还可以使用漱口水漱口。但需要注意的是，漱口并不能代替刷牙。

A. 增强机体抵抗力可以减少病从口入的机会

B. 早晚刷牙就是有效刷牙

C. 漱口是常用的口腔清洁方法，但不能代替刷牙

（五）写作练习

请根据“任务一”和“任务二”的示例内容，写一篇关于牙周疾病预防的宣教讲话稿。

大家好！

　　我是……

拓展学习

一、词汇

牙构造相关词语

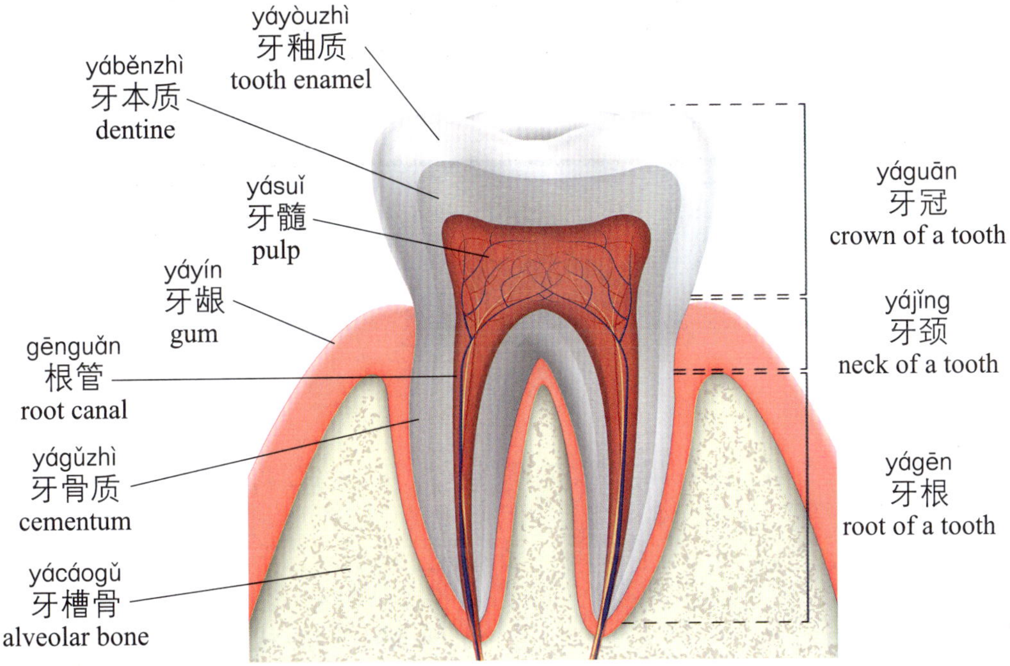

二、阅读

不可小看的牙周炎

你听说过牙周炎吗？牙周炎是一种慢性感染性口腔疾病。由于人体口腔内部容易滋生细菌，一旦口腔卫生清洁不彻底，就可能导致口腔内部出现慢性炎症，形成牙菌斑、牙结石，并侵犯包括牙龈在内的牙周组织。慢性牙周炎最常见于35岁以上的成年人，所以又叫成人牙周炎，但也可发生于儿童和青少年。

慢性牙周炎早期一般没有明显症状，容易被患者忽视。等到有症状再去医院就诊时，牙周炎往往已经比较严重了，有的患者甚至还不得不拔除患牙。那么，牙齿出现哪些症状时就要引起我们的注意了呢？

1. 牙龈红肿。正常的牙龈是淡粉色、粉红色的，而且牙龈比较坚韧，有光泽。但牙周炎症会使牙龈的颜色发生改变，或发红呈充血状，或呈苍白色。所以，如果发现牙龈颜色异常或口腔有不适感，就一定要注意了。

2. 牙龈出血。牙龈出血是因为炎症引起牙龈充血，导致刷牙或咬硬物时容易出血。牙龈出血是身体发出的信号，告诉你牙龈发炎了，要及时就医。如果牙龈出现了自发性出血，那情况就比较严重了。

3. 口腔异味。口腔异味就是“口臭”。口腔疾病是导致口腔异味重的重要原因之一。虽然通过多刷牙、用漱口水漱口或嚼口香糖等方式能在短时间内改善口腔气味，但这并不能从根本上解决口腔异味的问题。如果口腔异味严重，还是建议及时到医院就诊。

4. 牙缝变大。人的牙齿是被牙龈包裹的，牙齿之间会有一定的缝隙，但缝隙并不会很大。慢性牙周炎会导致牙槽骨过度吸收，造成牙槽骨减少，使本应由牙龈和牙槽骨占据的空间暴露出来，出现牙缝变大的情况。

5. 牙齿松动。牙周组织具有支持和固定牙齿的作用。当牙周组织被逐渐破坏后，牙齿周围支持组织减少或丧失，对牙齿的支持力不足，牙齿就会出现松动现象。而牙周炎是最常见的导致牙齿松动的原因。

其实，牙周炎的临床表现还有很多，但由于早期没有能够引起人们足够重视的、明显的症状，所以常被人们忽略。因此，如果口腔出现了以上症状，建议您及时到正规医院就医，以免耽误治疗。

（一）重要医学词语

1. 滋生	zīshēng	*v.*	to breed
2. 坚韧	jiānrèn	*adj.*	tough and tensile, firm and tenacious
3. 光泽	guāngzé	*n.*	gloss, sheen
4. 苍白	cāngbái	*adj.*	pale
5. 漱口水	shùkǒushuǐ	*n.*	mouthwash
6. 包裹	bāoguǒ	*v.*	to wrap
7. 缝隙	fèngxì	*n.*	space, gap

（二）阅读材料，选择正确答案

1. 根据短文，下列哪类人群不是慢性牙周炎的发病人群？

A. 婴幼儿　　B. 儿童

C. 青少年　　D. 35 岁以上的成年人

2. 正常的牙龈有什么特点？

A. 呈深红色　　B. 呈充血状　　C. 呈苍白色　　D. 坚韧、有光泽

3. 怎样才能从根本上解决口腔异味的问题？

A. 嚼口香糖　　B. 及时就医　　C. 使用漱口水　　D. 增加刷牙次数

4. 根据短文，下列哪项错误？

A. 慢性牙周炎严重的患者可能要拔除患牙

B. 正常的牙龈在刷牙或者咬东西时不会出血

C. 牙齿之间本来是没有缝隙的，慢性牙周炎会导致缝隙变大

D. 牙齿松动是由牙齿周围支持组织减少或丧失引起的

自我评估

一、生词知多少

你认识下列词语吗？如果认识，请在词语前的“□”里画“√”；如果不认识，请再复习复习。

□ 频繁	□ 倒是	□ 原本	□ 啃
□ 咬	□ 松动	□ 忍受	□ 忽略
□ 吸收	□ 清理	□ 去除	□ 填塞
□ 退缩	□ 抽血	□ 堆积	□ 露
□ 暗红色	□ 异样	□ 骨头	□ 硬物
□ 硬度	□ 残渣	□ 污垢	□ 牙垢
□ 牙菌斑	□ 牙缝	□ 牙龈	□ 牙周组织
□ 牙釉质	□ 牙线	□ 牙槽骨	□ 漱口
□ 麻药	□ 麻醉	□ 化验	□ 凝血功能检查
□ 龈上洁治术	□ 之类		

掌握了 25 个以上：非常好，为你点赞！

掌握了 20 ～ 25 个：不错，继续努力！

掌握了 19 个及以下：好好复习，下次加油！

二、你知道怎么说吗？

你知道下列几种情况应该怎么说吗？如果知道，请在句子前的“□”里画“√”。

□ 说明牙周炎可能出现的症状。

□ 介绍龈上洁治术及其作用。

□ 宣传口腔清洁知识。

附　录

语法术语缩略形式一览表

缩略形式	英文名称	中文名称
adj.	Adjective	形容词
adv.	Adverb	副词
conj.	Conjunction	连词
int.	Interjection	叹词
m.	Measure Word	量词
n.	Noun	名词
num.	Numeral	数词
ono.	Onomatopoeia	拟声词
part.	Particle	助词
pref.	Prefix	前缀
prep.	Preposition	介词
pron.	Pronoun	代词
q.	Quantifier	数量词
suf.	Suffix	后缀
v.	Verb	动词

生词表

词语	拼音	词性	英译	课号
A				
阿莫西林	āmòxīlín	*n.*	amoxicillin	1
癌栓	áishuān	*n.*	tumor thrombus	5
矮	ǎi	*adj.*	short	8
艾森曼格综合征	Àisēnmàngé Zōnghézhēng	*n.*	Eisenmenger syndrome	8
暗红色	ànhóngsè		dark red	10
凹	āo	*adj.*	concave	2
B				
白蛋白	báidànbái	*n.*	albumin	2
斑块	bānkuài	*n.*	plaque	4
半衰期	bànshuāiqī	*n.*	half-life (period)	6
半月板	bànyuèbǎn	*n.*	meniscus	7
保养	bǎoyǎng	*v.*	to take good care of (one's health)	3
报销	bàoxiāo	*v.*	to submit an expense account for reimbursement	2
抱	bào	*v.*	to hold in the arms	8
暴饮暴食	bàoyǐn-bàoshí		to eat and drink excessively	1
鼻咽喉镜	bí-yānhóujìng	*n.*	nasopharyngeal laryngoscope	6
比例	bǐlì	*n.*	proportion	2
闭合	bìhé	*v.*	to close	8
避孕	bìyùn	*v.*	to prevent pregnancy	9

词语	拼音	词性	英译	课号
边缘	biānyuán	*n.*	edge	7
便血	biànxiě	*v.*	to suffer from hematochezia	1
憋	biē	*v.*	to suffocate	3
别提了	biétí le		don't bring it up	3
病程	bìngchéng	*n.*	course of a disease	3
病原体	bìngyuántǐ	*n.*	pathogen	3
勃起	bóqǐ	*v.*	to have an erection	9
不幸中的万幸	búxìng zhōng de wànxìng		a blessing in disguise, silver lining	4
不孕	búyùn	*v.*	not to be pregnant, to be sterile	9
不佳	bùjiā	*adj.*	not good	2
不可逆	bùkěnì	*adj.*	irreversible	2

C

参与	cānyù	*v.*	to participate in	9
残疾	cánjí	*n.*	physical disability	7
残渣	cánzhā	*n.*	residue	10
插管	chāguǎn	*v.*	to intubate	5
查体	chátǐ	*v.*	to take a physical examination	6
晨练	chénliàn	*v.*	to take morning exercise	3
承受	chéngshòu	*v.*	to bear, to endure	2
吃力	chīlì	*adj.*	strenuous	4
痴呆	chīdāi	*n.*	dementia	4
迟缓	chíhuǎn	*adj.*	tardy	8
充血性心力衰竭	chōngxuèxìng xīnlì shuāijié	*n.*	congestive heart failure	8
抽筋	chōujīn	*v.*	to get cramp	7

词语	拼音	词性	英译	课号
抽血	chōu xiě		to draw blood	10
出毛病	chū máobìng		to go wrong	1
触及	chùjí	*v.*	to touch	6
雌激素	cíjīsù	*n.*	estrogen	9
粗糙	cūcāo	*adj.*	rough	8
错过	cuòguò	*v.*	to miss	4

D

达标	dábiāo	*v.*	to reach the standard	8
打嗝	dǎgé	*v.*	to have a hiccup	1
呆滞	dāizhì	*adj.*	dull	4
代替	dàitì	*v.*	to replace	2
耽误	dānwu	*v.*	to delay	2
胆红素	dǎnhóngsù	*n.*	bilirubin	5
胆汁淤积	dǎnzhī yūjī	*n.*	cholestasis	5
倒	dào	*adv.*	but	2
倒是	dàoshì	*adv.*	*used to indicate the opposite of what is usually true*	10
低钙性抽搐	dīgàixìng chōuchù	*n.*	hypocalcemic tetany	6
动脉导管未闭	dòngmài dǎoguǎn wèibì		patent ductus arteriosus (PDA)	8
堆	duī	*m.*	pile	2
堆积	duījī	*v.*	to pile up	10
对症治疗	duìzhèng zhìliáo		symptomatic treatment	3
多囊卵巢综合征	duōnáng luǎncháo zōnghézhēng	*n.*	polycystic ovary syndrome (PCOS)	9

词语	拼音	词性	英译	课号
E				
24 小时尿蛋白定量	èrshísì xiǎoshí niàodànbái dìngliàng	*n.*	24-hour urinary protein quantitation	2
F				
发绀	fāgàn	*v.*	to suffer from cyanosis	8
发酵	fājiào	*v.*	to ferment	1
反应	fǎnyìng	*v.*	to react	6
犯困	fànkùn	*v.*	to feel sleepy	4
范围	fànwéi	*n.*	range	6
防治	fángzhì	*v.*	to prevent and cure	2
房间隔缺损	fángjiàngé quēsǔn	*n.*	atrial septal defect (ASD)	8
放射性元素	fàngshèxìng yuánsù	*n.*	radioactive element	6
肥大	féidà	*adj.*	hypertrophied	8
腓肠肌	féichángjī	*n.*	gastrocnemius muscle	7
肺大疱	fèidàpào	*n.*	pulmonary bulla	3
肺动脉瓣	fèidòngmàibàn	*n.*	pulmonary valve	8
肺动脉高压	fèidòngmài gāoyā	*n.*	pulmonary hypertension	8
肺活量	fèihuóliàng	*n.*	vital capacity	3
肺泡	fèipào	*n.*	pulmonary alveolus	3
肺气肿	fèiqìzhǒng	*n.*	pulmonary emphysema	3
肺通气量	fèitōngqìliàng	*n.*	pulmonary ventilation volume	3
肺纹理	fèiwénlǐ	*n.*	lung marking	3
肺心病（肺源性心脏病）	fèixīnbìng (fèiyuánxìng xīnzàngbìng)	*n.*	pulmonary heart disease, cor pulmonale	3

词语	拼音	词性	英译	课号
肺血	fèixuè	*n.*	pulmonary blood	8
费用	fèiyong	*n.*	fee	2
分餐	fēncān	*v.*	to have separate meals	1
分流	fēnliú	*v.*	to shunt	8
封堵	fēngdǔ	*v.*	to occlude	8
缝合	féngé	*v.*	to suture	7
辅助	fǔzhù	*v.*	to assist	9
负担	fùdān	*n.*	burden	7
复发	fùfā	*v.*	to have a relapse	9

G

钙化	gàihuà	*v.*	to calcify	6
肝包膜	gānbāomó	*n.*	Glisson's capsule	5
肝门静脉	gān ménjìngmài	*n.*	hepatic portal vein	5
肝囊肿	gānnángzhǒng	*n.*	hepatic cyst	5
肝脓肿	gānnóngzhǒng	*n.*	liver abscess	5
肝血管瘤	gānxuèguǎnliú	*n.*	liver hemangioma	5
感染性心内膜炎	gǎnrǎnxìng xīnnèimóyán		infective endocarditis	8
高度	gāodù	*adj.*	highly	6
睾丸	gāowán	*n.*	testis	9
隔离	gélí	*v.*	to isolate	6
公筷	gōngkuài	*n.*	serving chopsticks	1
公勺	gōngsháo	*n.*	serving spoon	1
宫颈	gōngjǐng	*n.*	cervix	9
宫腔	gōngqiāng	*n.*	uterine cavity	9

词语	拼音	词性	英译	课号
股动脉	gǔdòngmài	*n.*	femoral artery	5
股四头肌	gǔsìtóujī	*n.*	quadriceps	7
骨骼肌	gǔgéjī	*n.*	skeletal muscle	7
骨关节炎	gǔguānjiéyán	*n.*	osteoarthritis	7
骨头	gǔtou	*n.*	bone	10
骨质增生	gǔzhì zēngshēng	*v.*	to have hyperostosis	7
拐杖	guǎizhàng	*n.*	walking stick	4
关键	guānjiàn	*n.*	key, crux	2
关节	guānjié	*n.*	joint	7
关节镜	guānjiéjìng	*n.*	arthroscope	7
关节面	guānjiémiàn	*n.*	articular surface	7

H

毫米	háomǐ	*m.*	millimeter	8
合并	hébìng	*v.*	to be complicated by another illness	8
喉返神经	hóufǎn shénjīng	*n.*	recurrent laryngeal nerve	6
后遗症	hòuyízhèng	*n.*	sequelae	4
忽略	hūlüè	*v.*	to ignore	10
护士	hùshi	*n.*	nurse	3
化痰	huàtán	*v.*	to reduce phlegm	3
化验	huàyàn	*v.*	to have a chemical test	10
怀疑	huáiyí	*v.*	to suspect	6
环节	huánjié	*n.*	link	9
黄金	huángjīn	*adj.*	golden	4
黄体	huángtǐ	*n.*	corpus luteum	9

词语	拼音	词性	英译	课号
活检	huójiǎn	*v.*	to do a biopsy	6
获得	huòdé	*v.*	to gain	5
获能	huònéng	*v.*	to capacitate	9

J

词语	拼音	词性	英译	课号
积血	jīxuè	*n.*	hematocele	9
畸形	jīxíng	*adj.*	deformed, abnormal	7
甲胎蛋白	jiǎtāidànbái	*n.*	alpha-fetoprotein	5
甲状旁腺	jiǎzhuàngpángxiàn	*n.*	parathyroid gland	6
甲状腺癌	jiǎzhuàngxiàn'ái	*n.*	thyroid cancer	6
间隙	jiànxì	*n.*	space	7
鉴别诊断	jiànbié zhěnduàn		differential diagnosis	8
讲座	jiǎngzuò	*n.*	lecture	2
脚趾	jiǎozhǐ	*n.*	toe	7
解释	jiěshì	*v.*	to explain	5
介入治疗	jièrù zhìliáo	*n.*	interventional therapy	5
尽早	jǐnzǎo	*adv.*	as soon as possible	2
进展	jìnzhǎn	*v.*	to make progress	4
禁忌证	jìnjìzhèng	*n.*	contraindication	8
精液	jīngyè	*n.*	semen	9
精子	jīngzǐ	*n.*	sperm	9
痉挛	jìngluán	*v.*	to go into convulsions	7
纠正	jiūzhèng	*v.*	to correct	7
居家	jūjiā	*v.*	to be at home	6
局麻（局部麻醉）	júmá (júbù mázuì)	*v.*	local anesthesia	8
巨大	jùdà	*adj.*	huge	5

词语	拼音	词性	英译	课号
具备	jùbèi	*v.*	to possess	5

K

亢进	kàngjìn	*v.*	to suffer from hyperfunction	8
靠近	kàojìn	*v.*	to be close to	5
可不是	kěbúshi	*adv.*	exactly	4
可疑	kěyí	*adj.*	suspicious	6
啃	kěn	*v.*	to gnaw	10
口臭	kǒuchòu	*adj.*	bad breath	1
口水	kǒushuǐ	*n.*	saliva	6
苦	kǔ	*adj.*	bitter	1

L

老伴儿	lǎobànr	*n.*	(of old married couple) husband or wife	4
老婆	lǎopo	*n.*	wife	1
肋间	lèijiān	*n.*	that which is intercostal	8
类风湿性关节炎	lèifēngèshīxìng guānjiéyán	*n.*	rheumatoid arthritis	7
类风湿因子	lèifēngshī yīnzǐ	*n.*	rheumatoid factor	7
类型	lèixíng	*n.*	type	6
冷静	lěngjìng	*adj.*	calm	5
厉害	lìhai	*adj.*	hard	3
联合	liánhé	*v.*	to unite	1
良性	liángxìng	*adj.*	benign	5
淋巴结	línbājié	*n.*	lymph node	6
灵活	línghuó	*adj.*	nimble	7

词语	拼音	词性	英译	课号
楼梯口	lóutīkǒu		staircase entrance	3
露	lù	*v.*	to reveal	10
卵巢癌	luǎncháo'ái	*n.*	ovarian cancer	9
卵巢巧克力囊肿	luǎncháo qiǎokèlì nángzhǒng	*n.*	ovarian chocolate cyst	9
卵泡	luǎnpào	*n.*	ovarian follicle	9
卵子	luǎnzǐ	*n.*	ovum	9

M

麻	má	*adj.*	numb	4
麻木	mámù	*adj.*	numb	4
麻药	máyào	*n.*	anesthetic	10
麻醉	mázuì	*v.*	to anesthetize	10
慢阻肺（慢性阻塞性肺疾病）	mànzǔfèi (mànxìng zǔsèxìng fèijíbìng)	*n.*	chronic obstructive pulmonary disease (COPD)	3
泌尿系统	mìniào xìtǒng	*n.*	urinary system	9
面积	miànjī	*n.*	area, space	4
命	mìng	*n.*	life	3
摩擦音	mócāyīn	*n.*	friction sound	7
磨损	mósǔn	*v.*	to wear (and tear)	7
末端	mòduān	*n.*	end	3
目光	mùguāng	*n.*	look, gaze	4

N

耐受	nàishòu	*v.*	to tolerate	5
耐药性	nàiyàoxìng	*n.*	drug resistance	1

词语	拼音	词性	英译	课号
男性	nánxìng	*n.*	male	2
囊性病变	nángxìng bìngbiàn		cystic lesion	9
脑卒中	nǎocùzhòng	*n.*	cerebral apoplexy	4
脑梗死	nǎogěngsǐ	*n.*	cerebral infarction	4
内环境	nèihuánjìng	*n.*	internal environment	9
内镜	nèijìng	*n.*	endoscope	1
尿常规检查	niàochángguī jiǎnchá	*n.*	urinalysis	2
尿毒症	niàodúzhèng	*n.*	uremia	2
凝血功能检查	níngxuè gōngnéng jiǎnchá	*n.*	blood coagulation function test	10
脓痰	nóngtán	*n.*	purulent sputum	3

O

哦	ò	*int.*	*used to indicate understanding / realization*	1
呕血	ǒuxuè	*v.*	to suffer from hematemesis	1

P

排卵	páiluǎn	*v.*	to ovulate	9
排尿	páiniào	*v.*	to urinate	2
盆腔	pénqiāng	*n.*	pelvic cavity	9
皮试	píshì	*n.*	skin (allergy) test	1
疲倦	píjuàn	*adj.*	fatigued	4
偏瘫	piāntān	*v.*	to suffer from hemiplegia	4
频繁	pínfán	*adj.*	frequent	10
平喘	píngchuǎn	*v.*	to relieve asthma	3
破坏	pòhuài	*v.*	to destroy	1

词语	拼音	词性	英译	课号
破裂	pòliè	*v.*	to rupture	3

Q

词语	拼音	词性	英译	课号
气喘	qìchuǎn	*v.*	to be short of breath	2
气道	qìdào	*n.*	airway	3
气球	qìqiú	*n.*	balloon	3
气色	qìsè	*n.*	complexion	5
气体	qìtǐ	*n.*	gas	1
前列腺	qiánlièxiàn	*n.*	prostate	2
前期	qiánqī	*n.*	previous period, early stage	6
浅表性胃炎	qiǎnbiǎoxìng wèiyán	*n.*	superficial gastritis	1
枪击音	qiāngjīyīn	*n.*	pistol-shot sound	8
抢救	qiǎngjiù	*v.*	to rescue	4
侵犯	qīnfàn	*v.*	to invade	6
青紫色	qīngzǐsè		cyan and purple	8
清理	qīnglǐ	*v.*	to clean	10
清扫	qīngsǎo	*v.*	to clean	6
丘脑	qiūnǎo	*n.*	thalamus	4
球蛋白	qiúdànbái	*n.*	globulin	2
区域	qūyù	*n.*	region, area	4
去除	qùchú	*v.*	to remove	10
劝	quàn	*v.*	to persuade	3

R

词语	拼音	词性	英译	课号
桡动脉	ráodòngmài	*n.*	radial artery	5
人工授精	réngōng shòujīng		artificial insemination	9

词语	拼音	词性	英译	课号
忍不住	rěn bu zhù		to be unable to bear, cannot help (doing sth.)	3
忍受	rěnshòu	*v.*	to bear, to endure	10
认知	rènzhī	*n.*	cognition	4
融合	rónghé	*v.*	to fuse	3
乳头状癌	rǔtóuzhuàng'ái	*n.*	papillary carcinoma	6
入院	rùyuàn	*v.*	to be admitted to hospital	6
软骨	ruǎngǔ	*n.*	cartilage	7
弱精	ruòjīng	*n.*	asthenozoospermia	9

S

词语	拼音	词性	英译	课号
丧失	sàngshī	*v.*	to lose	4
杀灭	shāmiè	*v.*	to exterminate	1
筛查	shāichá	*v.*	to screen	1
筛子	shāizi	*n.*	sieve	2
伤害	shānghài	*v.*	to harm	4
上方	shàngfāng	*n.*	upward side	8
烧心	shāoxīn	*v.*	to have heartburn	1
烧灼感	shāozhuógǎn	*n.*	burning sensation	1
稍微	shāowēi	*adv.*	slightly	7
射精	shèjīng	*v.*	to ejaculate	9
肾单位	shèndānwèi	*n.*	nephron	2
肾小球滤过率	shènxiǎoqiú lǜguòlǜ	*n.*	glomerular filtration rate	2
生化全套检查	shēnghuà quántào jiǎnchá	*n.*	complete biochemical test	2
生育	shēngyù	*v.*	to give birth to	9
生殖	shēngzhí	*n.*	reproduction	9

词语	拼音	词性	英译	课号
失语	shīyǔ	*v.*	to suffer from aphasia	4
实施	shíshī	*v.*	to carry out	8
实质性	shízhìxìng	*n.*	(of) substance	6
试管婴儿	shìguǎn yīng'ér	*n.*	test-tube baby	9
试孕	shìyùn	*v.*	to try to get pregnant	9
适应	shìyìng	*v.*	to adapt to	5
室间隔缺损	shìjiàngé quēsǔn	*n.*	ventricular septal defect (VSD)	8
收缩期	shōusuōqī	*n.*	systole	8
收治	shōuzhì	*v.*	(of hospitals) to admit and treat (a patient)	5
手腕	shǒuwàn	*n.*	wrist	5
受精卵	shòujīngluǎn	*n.*	fertilized egg, zygote	9
受损	shòusǔn	*v.*	to be damaged	4
受限	shòuxiàn	*v.*	to be limited to	7
受孕	shòuyùn	*v.*	to become pregnant	9
舒张期	shūzhāngqī	*n.*	diastole	8
输精管	shūjīngguǎn	*n.*	ductus deferens	9
输卵管	shūluǎnguǎn	*n.*	oviduct	9
输卵管积水	shūluǎnguǎn jīshuǐ	*n.*	hydrosalpinx	9
漱口	shùkǒu	*v.*	to gargle	10
栓塞剂	shuānsèjì	*n.*	embolic agent	5
水冲脉	shuǐchōngmài	*n.*	water hammer pulse	8
撕裂	sīliè	*v.*	to tear	7
嘶哑	sīyǎ	*adj.*	hoarse	6
死亡	sǐwáng	*v.*	to die	4
松动	sōngdòng	*v.*	to be loose	10

词语	拼音	词性	英译	课号
缩小	suōxiǎo	*v.*	to shrink, to become smaller	5

T

抬	tái	*v.*	to lift, to raise	4
瘫痪	tānhuàn	*v.*	to be paralysed	4
弹性	tánxìng	*n.*	elasticity	3
痰培养	tán péiyǎng	*n.*	sputum culture	3
^{13}C 呼气试验	tàn-shísān hūqì shìyàn	*n.*	^{13}C-urea breath test (UBT)	1
提醒	tíxǐng	*v.*	to remind	2
体形	tǐxíng	*n.*	physical shape	5
填塞	tiánsè	*v.*	to fill up	10
停经	tíngjīng	*v.*	menelipsis	9
痛苦	tòngkǔ	*adj.*	painful	1
偷偷	tōutōu	*adv.*	secretly	3
透析	tòuxī	*v.*	to take dialysis treatment	2
退缩	tuìsuō	*v.*	to recede	10
退休	tuìxiū	*v.*	to retire	7
吞咽	tūnyàn	*v.*	to swallow	6
臀大肌	túndàjī	*n.*	gluteus maximus	7
脱落	tuōluò	*v.*	to drop, to fall off	9

W

歪斜	wāixié	*adj.*	askew, slanting	4
外侧	wàicè	*n.*	lateral	7
外翻	wàifān	*v.*	to be valgus	7

词语	拼音	词性	英译	课号
危及	wēijí	*v.*	to endanger	3
萎缩性胃炎	wěisuōxìng wèiyán	*n.*	atrophic gastritis	1
位于	wèiyú	*v.*	to be located in	8
胃癌	wèi'ái	*n.*	gastric cancer	1
胃肠道	wèichángdào	*n.*	gastrointestinal tract	1
胃肠动力	wèicháng dònglì	*n.*	gastrointestinal motility	1
胃食管反流病	wèishíguǎn fǎnliúbìng	*n.*	gastroesophageal reflux disease	1
紊乱	wěnluàn	*adj.*	disorderly	1
污垢	wūgòu	*n.*	dirt	10
无力	wúlì	*v.*	to feel weak	4
无痛	wútòng	*adj.*	painless	1

X

吸收	xīshōu	*v.*	to absorb	10
吸氧	xīyǎng	*v.*	to inhale oxygen	3
膝关节	xīguānjié	*n.*	knee joint	7
细支气管	xìzhīqìguǎn	*n.*	bronchiole	3
下不为例	xiàbùwéilì		not to be taken as a precedent	3
下腔静脉	xiàqiāng jìngmài	*n.*	inferior vena cava	5
吓	xià	*v.*	to frighten	2
先天性心脏病（先心病）	xiāntiānxìng xīnzàngbìng (xiānxīnbìng)	*n.*	congenital heart disease (CHD)	8
纤维化	xiānwéihuà	*v.*	to have fibrosis	5
显著	xiǎnzhù	*adv.*	remarkably	5
县医院	xiànyīyuàn	*n.*	county hospital	6

词语	拼音	词性	英译	课号
现病史	xiànbìngshǐ	*n.*	history of present illness	7
相遇	xiāngyù	*v.*	to meet	9
心悸	xīnjì	*v.*	to palpitate	2
心尖搏动	xīnjiān bódòng		apex beat	8
心前区	xīnqiánqū	*n.*	precordium	1
心室	xīnshì	*n.*	ventricle	8
心音	xīnyīn	*n.*	heart sounds	8
胸部 X 线平片（胸片）	xiōngbù X xiàn píngpiàn (xiōngpiàn)		chest X-ray plain film	6
雄激素	xióngjīsù	*n.*	androgen	9
修复	xiūfù	*v.*	to repair	7
血沉率（红细胞沉降率）	xuèchénlǜ (hóngxìbāo chénjiànglǜ)	*n.*	erythrocyte sedimentation rate (ESR)	7
迅速	xùnsù	*adj.*	rapid	4
X 光片	X guāngpiàn	*n.*	X-ray film	7

Y

牙槽骨	yácáogǔ	*n.*	alveolar bone	10
牙缝	yáfèng	*n.*	slit between two teeth	10
牙垢	yágòu	*n.*	tartar	10
牙菌斑	yájūnbān	*n.*	dental plaque	10
牙线	yáxiàn	*n.*	dental floss	10
牙龈	yáyín	*n.*	gum	10
牙釉质	yáyòuzhì	*n.*	tooth enamel	10
牙周组织	yázhōu zǔzhī	*n.*	periodontium	10
烟瘾	yānyǐn	*n.*	tobacco addiction	3

词语	拼音	词性	英译	课号
眼皮	yǎnpí	*n.*	eyelid	2
咽	yàn	*v.*	to swallow	6
咬	yǎo	*v.*	to bite	10
衣原体	yīyuántǐ	*n.*	chlamydia	3
医保（医疗保险）	yībǎo (yīliáo bǎoxiǎn)	*n.*	medical insurance	2
医嘱	yīzhǔ	*n.*	doctor's orders	2
移位	yíwèi	*v.*	to shift	8
移植	yízhí	*v.*	to transplant	2
乙肝两对半	yǐgān liǎngduìbàn	*n.*	hepatitis B serologic test	5
已婚	yǐhūn	*v.*	to be married	7
异样	yìyàng	*adj.*	unusual	10
阴茎	yīnjīng	*n.*	penis	9
龈上洁治术	yínshàng jiézhìshù	*n.*	supragingival scaling	10
引流	yǐnliú	*v.*	to drain	5
硬度	yìngdù	*n.*	hardness	10
硬物	yìngwù	*n.*	hard object	10
游走性	yóuzǒuxìng	*adj.*	migratory	7
预后	yùhòu	*n.*	prognosis	6
预约	yùyuē	*v.*	to make an appointment	1
原本	yuánběn	*adv.*	originally	10
原发性结节型肝癌	yuánfāxìng jiéjiéxíng gān'ái	*n.*	primary nodular liver cancer	5
远端	yuǎnduān	*n.*	far end	6
孕激素	yùnjīsù	*n.*	progestogen	9

词语	拼音	词性	英译	课号
Z				
杂音	záyīn	*n.*	murmur	8
再次	zàicì	*adv.*	once again	2
再造	zàizào	*v.*	to rebuild	7
早产儿	zǎochǎn'ér	*n.*	premature baby, preemie	8
增大	zēngdà	*v.*	to enlarge	8
增强	zēngqiáng	*v.*	to enhance	7
占位性病变	zhànwèixìng bìngbiàn	*n.*	space occupying lesion	5
丈夫	zhàngfu	*n.*	husband	9
胀气	zhàngqì	*v.*	to bloat	1
障碍	zhàng'ài	*v.*	to be in disorder	4
折磨	zhémó	*v.*	to torture	3
震颤	zhènchàn	*v.*	to tremble	8
征兆	zhēngzhào	*n.*	sign	4
之类	zhīlèi	*n.*	and the like, and so on	10
支原体	zhīyuántǐ	*n.*	mycoplasma	3
指标	zhǐbiāo	*n.*	index	5
指征	zhǐzhēng	*n.*	indication	6
致癌物	zhì'áiwù	*n.*	carcinogen	1
终末期	zhōngmòqī	*n.*	terminal stage	2
终身	zhōngshēn	*n.*	all one's life	6
肿块	zhǒngkuài	*n.*	lump	6
肿物	zhǒngwù	*n.*	mass, lump	6
中风	zhòngfēng	*v.*	to have a stroke	4
重度	zhòngdù	*adj.*	severe	5

词语	拼音	词性	英译	课号
周围血管征	zhōuwéi xuèguǎn-zhēng	*n.*	peripheral vascular signs	8
主诉	zhǔsù	*v.*	(of a patient) to complain	6
拄	zhǔ	*v.*	to lean on (a stick, etc.)	4
状况	zhuàngkuàng	*n.*	status	5
着床	zhuóchuáng	*v.*	to implant	9
子宫内膜异位症	zǐgōng nèimó yìwèizhèng	*n.*	endometriosis	9
紫	zǐ	*adj.*	purple	8
自发性气胸	zìfāxìng qìxiōng	*n.*	spontaneous pneumothorax	3
自理	zìlǐ	*v.*	to take care of oneself	4
总蛋白	zǒngdànbái	*n.*	total protein	5
阻碍	zǔ'ài	*v.*	to block	9
遵	zūn	*v.*	to follow	2
左甲状腺素钠	zuǒjiǎzhuàng-xiànsùnà	*n.*	levothyroxine sodium	6
左缘	zuǒyuán	*n.*	left border	8